亞里斯多德

分析學後編

明證法之分析

呂穆迪◎譯述

臺灣商務印書館

重印好書，知識共享

「雲五文庫」出版源起

商務印書館創立一百多年，臺灣商務印書館在台成立也有六十多年，出版無數的好書，相信許多讀者朋友都是與臺灣商務印書館一起長大的。

由於我們不斷地推出知識性、學術性、文學性、生活性的新書，以致許多絕版好書沒有機會再與讀者見面，我們對需要這些好書的讀者深感愧歉。

近年來出版市場雖然競爭日益劇烈，閱讀的人口日漸減少，但是，臺灣商務基於「出版好書、匡輔教育」的傳統理念，我們從二〇〇八年起推動臺灣商務的文化復興運動，重新整理絕版的好書，要作好服務讀者的工作。

二〇〇八年首先重印「文淵閣本四庫全書」，獲得社會熱烈的響應。我們決定有計畫的將絕版好書重新整理，以目前流行的二十五開本，採取事前預約，用隨需印刷方式推出「雲五文庫」，讓一小部分有需求的讀者，也能得到他們詢問已久的絕版好書。

臺灣商務印書館過去在創館元老王雲五先生的主持下，主編了許多大部頭的叢書，包括「萬有文庫」、「四部叢刊」、「基本國學叢書」、「漢譯世界名著」、「罕傳善本叢書」、「人人文庫」等，還有許多沒有列入叢書的好書。今後這些好書，將逐一編選納入「雲五文庫」，再冠上原有叢書的名稱，例如「雲五文庫萬有叢書」、「雲五文庫國學叢書」等。

過去流行三十二開本、或是四十開本的口袋書，今後只要稍加放大，就可成為二十五開本的叢書，字體放大也比較符合視力保健的要求。原來出版的十六開本，仍將予以保留，以維持版面的美觀。

二〇〇九年八月十四日是王雲五先生以九十二歲高齡逝世三十週年紀念日。為了紀念王雲五先生主持商務印書館、推動文化與教育的貢獻，這套重編的叢書，訂名為

「雲五文庫」，即日起陸續推出。如果您曾經等待商務曾經出版過的某一本書，現在卻買不到了，請您告訴我們，臺灣商務不惜工本要為您量身訂作。這樣的作法，為的是要感謝您的支援，讓您可以買到絕版多年的好書。讓我們為重讀好書一起來努力吧。

臺灣商務印書館董事長王學哲
總編輯方鵬程謹序
二〇〇八年十二月十二日

要旨與價值簡介

用類譜內賓主關係的理則，明辨宇宙萬有的物類，領悟心中自然呈現的理性知識體系；進而回心省察，分析其構造要素、形式及方法；揭曉於世，供人用為工具和指南，俾能格物窮理，通達物類實體之本然，及物本性必然而有的性理、能力與功效。簡要說來，這就是本書的要旨和價值所在。其中，科學體系之邏輯，史或譽之為「質料邏輯」之初型。

宇宙以**類譜**為間架。同類之下，分異種。異種以上，合同類。品彙森羅，庶類實繁；然則正位定性，秩序井然：高級以下有中級，中級以下有低級。最高物類，**十範疇**；範疇以上，有**超類**。最低類分成最低種。**最低種下**，**分個體**。個體因性理相同而屬同種：種同而數異。異種因類性相同而屬同類。公類之下，異種矛盾，判分惟二：決定於種別特徵之有無。（卷一，章七，二三，二九。卷二，章五）

個體有私名，種有種名，類有類名，超類有大公名，種別（特徵）有種別名。類名合種別名而成種名之定義：表示物性之本體。例如「人是理性動物」。「動物是有知覺的生物」。（詳見《前編》類譜）。最高類名各範疇有名理無定義，各有各自的原理。超類大公名，通指各範疇的萬類，申明萬類公理。（卷一，章三二。卷二，章四～十。參閱《範疇集》及《形上學》卷四）

根據公理和原理，嚴守**論法與論式**，把握種名本體之定義，推演物性之實然與必然：直證其本體，明證其必然，反證其不能不然；假設其實況，辯證其或然。真知不在知或然，而在知必然，故在知本體。法在明證：或理證，或事證；由歸納，而演繹。（卷一、章一，四，六，十三～十四，十八，二六，三〇）。論證法是公名。明證法是殊稱：表示論證法中特殊的一種。

非明證必然者，不足為**科學之知識**。**科學之問題**，在問某某本科定理之中辭。**中**

辭指原因。原因是本體。定理可證始可知，是明證而得的結論。某科之最高原理，屬本科；最高公理屬百科，皆非本科之可證，但可知而信守以為確據：充任明證無上的最高前提。公理、原理不證自明：可知不可證。各級中辭和前提，依類譜排成系統，至下至上，皆有止底：上溯下推，不能永無止境。凡是中辭，既是物本體定義之要素，皆乃本體之賓辭：系統品級上下，故亦非無窮極。是乃自然而必然；否則，因果無始終，則事物不成；原委無端底，則言論無謂；賓辭無盡數，則理念無確指；名理、定義、論句，皆變為不可能。（卷一，章九～十，十五，十九二三。卷二，章二）。

分析上述明證法所得科學體系形式構造各要素：可知不同對象，相對於人心知識有不同能力。知有形的個體事物，用器官覺識。知明證的結論，用理智。大公名理，至高類名、種名，觸物即明；超類的大公名，及大公原理，也是名理一得，原理立現，不待推證。例如：「整體大於其零星」，自然而明，不待教於人師，不需證於推論；惟在靈智光明，人心所同；猶如日月經天，有目俱見；舉目視而不見者，非因日光本體不明，惟因目光薄弱，莫敢仰視，視之乃被眩惑，極有所見，反如瞑無所見；又不意萬物可睹，皆有賴於日光也。**惟靈智在躬：有若神明**：能知萬物之所以明，而直見其實理、廓然大公，悟其自然而然、不能不然的必然性！**物有個體，有定理，有定義與公理。我有覺識，有理智，有靈智與其聰明。是以物我妙合，而有科學知識之體系**。（卷一，章二八，三一，三三～三四。卷二，章一）。

體系研究之對象及觀點，任學者自出心裁，隨意選擇；時代與地區，傳習不同；英俊輩出，各有所見。深淺精粗，參差不齊。分判之關鍵，追究根柢，惟在科學方法之賞識，及其運用之精練。學術百科，縱橫萬變，史證其有可易與不易。可易者，內容之選擇，觀點之轉移，智見之深淺；不易者，科學明證法之理則，體系結構之規模：察其要領，自有亞里以來，古今無殊，務需借鏡於本編。邏輯形式之理則：如工具，如道路，行者迥異，正路惟一。正路可修明，不可改易；改易則方向迷失，或流竄荒谷，將無目的可達矣！（參閱《前編》卷首）。

形式規範，理則不易；虛靈無礙，無往不適；百科古今，共同遵守。例如某科原理之內容，或有時代之互異；但原理之所以為原理，是其本科可知可取而不可證的前提，乃是其不變的邏輯本質。任何專科，宜知原理之選擇，關係本科整體之成敗；故不可墨守成章，但應隨事類妙理之透澈，而求體系之圓通；故謀原理公式之新訂，促成本科學識之日新。一人不逮，群策群勵。一世不足，累世圖之。

亞里遺著，評價不一。舉凡排斥者，率皆憾其所選事類陳舊，內容粗淺；或罪其學派餘緒，頑固保守；但未有否認本編「明證法、科學體系、形式理則」之常新也。有亞里之才具、興趣，與環境，始有亞里本編之創見與創作。標榜古今，為學術方法之先導；觀摩比較，足知其書：詞簡明而理通暢，有得於人心之所同；富饒啟示作用，誠為不朽的極上品。讀者靈慧，見一知十，人十己百，神會心得之妙悟，將遠勝於紙墨之所載。古哲史料，至極珍貴；尚希來聖，知所開採。譯述殷勤，繼繼承承，勉為透光之邃道；懇祝吾漢語文化，智性發揚；為真理之前途，別開洞天！

目錄

卷二

卷一

第一章 推證新知

71左1 凡講授或學習，欲求理性知識之增進，其步驟都是由已知以知未知。未知者，既知以後，則是新知。偏察諸般實例，即可明見。數學如此，其餘眾藝百科，無不如此。理性的論證，所用不外二法：一是演繹法，一是歸納法：步驟相同，**都是由已知推證新知**。演繹法的前提，是普遍的定義和原理。歸納法的前提，是明顯的個體事物。這些前提，是已知；推出的結論，是新知，原先是未知的。辯章家和演說家說服聽眾，用「例證法」和「簡論法」。例證法舉出實例，證明公理，屬於歸納法。簡論法，是簡略的三段論法，援引公理或定義，以推證結論，屬於演繹法：都是從已知證出新知。

議論程序中，前提必須是原先已知的。共分兩種：一是事實，二是名理，論者預先所應知者，即是或知事實或知名理，或並知兩者。事實分兩種，一是覺性所知的形體生存及情況；一是心智所通達的公理。例如**矛盾律：「同一論句的肯定和否定不能同是真的」。這是理性的最高原理，也是顯明的事實**。名理是名辭所表示的意義普通都是定義。例如三角是一個名辭。它所指示的意義，是三角形的定義。（所謂「兩者並知」，即是說，公理與名理同時兼知，乃是知某學科或知識系統的主體）。例如「一」字所指的一，是數目的單位；是數理系統的主體。欲推證系統內各端定理，除知公理以外，必須先知一字所指的事實和名理。（「一」字所指的一，是主體，其他數學定理都是它的特性。名理就是概念：指示主體、性體或特性。事實與名理兩者同歸屬於主體。談論時，先知主體，即是先知其事實與名理。主體的名稱，標明出來，叫作主題。議論的主題指出議論的主體。主體是主要的物體和事體。）

（先知事實，知名理，知主體，用它們作前提，才能發生議論，推證出新知識。前提裡預先必備的知識，內容不同，方式互異：覺性的知識，知形體。理性的知識，知公理與定義。定義分實體與附性：實體定義不兼指附性，附性定義卻兼指實體；可見彼此有顯著的分別。因此吾人對這些知識，明瞭的步驟和程度也各不相同。）

（先知前提，後知結論，有時是在時間上分先後；有時只是在性理上分先後，在時間上卻是同時的。例如先知普遍的原理或定義，然後知這些原理或定義所能有的主體或事物。在這裡的先後，不但是性理的先後，而是時間的先後。知普遍的原理或定義時，不必須同時想某某特殊事物是否存在，並作其主體。假設兩前提中，大前提是全稱，表示定義或原理；小前提是特

20
稱，結論也是特稱；先知大前提之時，不必同時對於小前提和結論有現實的知識。）例如先知大前提「凡是三角，其諸內角之和等於兩直角」。然後，過些時才發現小前提：某半圓形的面積內畫著一個形象是三角形；然後，又過些時，將小前提和大前提連起來，合而觀之，才發現結論：「某半圓形面積內畫的三角，其諸內角之和，等於兩直角」。（但合觀大小兩前提而得的前提之知識，是首尾兩辭和中辭所必有的關係；這個前提的知識是結論的根據和原因。在性理上，即是說在因果的理證次第上，先有於結論之前：但在時間上卻是同時的；合觀前提三辭之關係，既已明瞭，則不得不同時明瞭結論。在這合觀的時節，大小前提的知識和結論的知識是同時並有的；在性理上，卻仍有先後的次第：先知前提，前提在前面作原因；後知結論，結論在末了作效果。但彼此沒有時間上的隔離。有些事物，互生賓主關係時，引人知曉是同時並知，不需有其他媒介，作中辭介乎兩者之間；也不需在時間上有此先彼後的距離。小前提內所包含的知識往往如此，）主辭賓辭同時被知，兩者之間，沒有距離；個體名作主辭，種名作賓辭，構成論句，所傳達的知識都是如此（種名作中辭是最後的中辭，也是最後的賓辭；個體名作主辭指示的實體是第一實體，是一切賓辭的主體，不能是任何主辭的賓辭。最後中辭和第一主辭之間沒有其他名理上的距離，在知識的過程上，必須是同時並知，沒有先後。）大小前提尚未比較合觀，或是尚未看出結論的時候，吾人只知大小兩前提分別傳達的知識，對於結論內容說，尚無現實圓滿的知識。但已經有了一些普遍的觀念和原理。這普遍含混的知識，已經是結論的一部分。例如：「內三角之和等於兩直角」，是大前提。普遍包含著「此某三角形內三角之和等於兩直角」的結論。在知大前提時，結論尚是半知，半不知。但已不是一無所知。

以上的分析，極關重要。前提內暗含著結論，這一點要認清，否則，必陷梅諾書中所述各脈絡不通的困境；或是一無所知，新事理則無處可學，無從證出；或是所學皆是已知，已無新知之可言。另有一派（和柏拉圖大相衡突）則主張普遍論句的知識絲毫不包含個體論句。知萬物所公有的純理，不是知每物所私有的生存實況。這派人（曾向柏拉圖派人）提出以下這些辯論，問說：「凡是雙數都是偶數，都是可以平分的，你知之嗎？」（柏拉圖派）答說：「是，我知道。」於是，又問說：「此箱中有無二物？果有，故是雙數，故可平分。你知道不知道？」（柏拉圖派人）竟不知所答；因為他既不知箱中有無雙數的物體，又不知即使有兩個物體，是不是兩者相等，可以平分，因此反對派答說：可見普遍論句：「凡是」二字，不是說：「天下一切，凡是如何，就是如何」，而只是說：「我所現知的事物，如何如何」。非現知者，則一無所知。例如：「凡是雙數都是偶數，可以平分」這句話的意思，不是說實有界凡是雙數的事物，都是偶數事物可以平分；而是
71右 說：「凡我現知某些實有的雙數，都是偶數可以平分」。（柏拉圖派的主張不對，以上反對派的主張也不對。）普遍論句的真義，不是：「凡我所知實有某物既是如何，就是如何」。而是絕對的、簡單的，完全沒有條件和限制

的說：「凡是某物既是如何，則都是如何」。例如：「凡是雙數都是如何」，「凡是三角，都是如何」，所以前提的普遍論句，都有這樣絕對無限的意義，不是「所知某雙數，某三角，某方形，如何」，而是：「凡是雙數，凡是三角，凡是方形，既是如何，便都是如何」。但本書這樣的解釋，和柏拉圖派的主張並不相合。因為本書的主張認為，人用邏輯推論，從前提推出結論，並因結論而得的新學識，在一個觀點下，是前提裡所不知；在另一個觀點下，卻是前提裡所已知；同一知識，結論知之，用一個方式；前提知之，用另一個方式；知識相同，方式不相同，所知事體相同。如此說來，沒有甚麼不對；但必欲說對於某某事體，前提和結論，在方式上，有同樣的知識，那就大錯而特錯了。（前提與結論，知識相同，只是事體相同，而不是方式相同。所謂學而知之，所得的新知，是對於同一事體，用普遍的舊知識作前提，推證出特殊的新知識。**普遍和特殊，是知識的兩個方式。普遍者，絕對大公，潛能無限。特殊者，個體私有，囿於現實。**前提與結論，普遍與特殊，互相分別，猶似潛能與現實。所知事體實同，知識的方式互異）。

附誌：聖多瑪斯註解：「學而知之，無他，乃是某人心際新知識之誕生。誕生是什麼？是物體生存，由潛能，轉移而入於現實。新生之物，未生之前，不是絕無一物，也不是全物已有，而是生存方式兩端不同：一潛能，一現實。現實之與潛能，猶如有之與無，分別判然。物體生存於潛能之時，固無現實，但非無任何生存。潛能生存已是生存，但非現實生存。依同理，學者推理證出新知，未知之前，不是完全已知，也不是完全不知，而是暗含於前提潛能之中。前提普遍，範圍廣大，含蓄無限：結論明達，現實確定，專指某物。所以知識由前提之潛能而進於結論之現實，由普遍廣泛而臻於特殊明確。「所謂學而知之，思則得之，就是這個意思」。

第二章 認識

依「認識」二字純正的意義，簡單來說，吾人以為**認識某物，是認識它的本體。認識它的本體，是認識它的原因。原因是事物本體為什麼必須如此的理由。真正的認識不只是臆測某物為何如此，而是確知它的事實真是為何如此，並且確知它為何不能不如此。**這樣真確而必然的知識，把握事物的本體及其原因，顯然是純正知識之一種，**此即科學的知識。**在方式和程度上，它和詭辯家的知識不同。詭辯家的博聞多見，只見浮淺的附性，不察深邃的本體。無科學知識的人，認為自己有知識。有科學知識的人，不但認為自己有知識，而且真知自己有純正的知識。**純正的知識認識某物本體如此，則某**

物的本體不能不如此。

這樣的知識是用明證法推證得來。這樣的知識以外，還有沒有其他形式的知識，今後另行討論。目下，惟需肯定方才聲明的論題，即是**用明證法得來的知識是科學的知識**。我所說的明證法，是科學知識的三段論法。這樣的三段論法產生科學的知識。明瞭它所證實的結論其及必然性，便是有科學知識。（這裡科學知識是科學性的知識，專指其客觀、確實、必然等等特性。）

以上純正知識的定義是我們的主張。用這個主張作前提，必演繹出以下的結論：即是明證法推證的結論所有的前提，必須是真實論句，又必須是原初論句，又必須是直接論句，又必須是比結論更彰明較著的論句，又必須是先頭論句，又必須是結論所由生的原因；因為結論所指事物本體必有的原因或因素，也必須具備以上這些特性；**缺少了這些特性，三段論法能有，而明證法不能有**。因為沒有這些特性的三段論法，雖然仍是三段論法，但不足以產生純正知識。（或更為簡單說：不足以產生知識。玆將這些特性逐一分析如下）：

明證法的前提需是真實論句。不真實便是虛無，則不足以建立科學性的知識。例如說：「方形的對角線和邊線一般長」，這個論句不是真實的。（所指示的內容，在客觀本體上，不存在。不存在的事物，是虛無，不能被人用科學的知識去認識，或拿出當作實有。**科學是實學，只領略實有物**。虛枉無實之物，非科學知識之所欲知，非真知識之泉源；不會作科學知識的前提）。

明證法的前提需是原初論句。原初論句，至高無上，不證自明，否則非證不明。本體需有科學證明的論句或事物，有證明則可知，不證明則不可知，或所知限於偶然。本體的真知識必須有原初論句，不證自明。（否則無自明的最高原理，則無理能明瞭。明證論法也就無理可證了。明證論法用不證自明的最高原理作前提，證明理智所能知的一切結論。明證論法的本性就是如此。）

30 明證論法的前提必須是結論的原因，並且比結論更明顯易知。科學性的
知識，全在認識事物的原因。原因就是原理、因素、性理等等。前提既是稱
謂前提，又是結論的原因，當然和結論比較起來，前提就是先頭論句，結論
應是後隨論句。前提倡於先，結論隨於後，先頭者先被知曉，光輝照耀，照
明後隨的結論。比較起來，前提顯明易知，勝於結論。（結論本身黑暗無
光，無前提的光照，則無以受人明瞭。）前提顯明，易被人知，人則知之明
確，不但知其名理，而且知其所指的原則和事實，本性真確，如上所述。

但需注意：「先知」或「易知」有兩種意義（猶如「明」或「暗」也有
72左 兩種意義。光明者，易見，易見者，則人先見先知；黑暗者，必先受光照，
而後人能見之）。但事物本體明白，與對吾人，被人知得明白，不常是一回
事。因為對吾人的知識說：感性器官之所接近者，是吾人之所先知和易知，
其所遠離者是難知和後知。距離感性器官最遠者，莫過於公理。公理不著形

體，全非感性器官之所能交接；反之，個體事物著於形體，距離感官最近，公理普遍，為物類所共有，個體單立，為一物所私存。普遍與個體互相矛盾；（普遍的公理、性理等等本體易明，但無聲無臭，不可睹聞，非感官之所能知。故對吾人說：是難知，並且是後知。個體有形，則對吾人是易知，也是先知。**性理不著**，則**真知不在**。本體性理之明，不是形體感性之明。感性之所先知，反為智性之所後知！吾人之所後知，反為本體之所先明瞭。先後次第，本體之先明與吾人之先見，觀點不同，則意義有分，不可不辨）。從**先頭論句**推出**後隨論句**，是說從適當的原因推出必然的效果。先頭論句是前提。後隨論句是結論。前提是結論的原因。結論是前提的效果。明證法所用的前提是**直接論句**。它的主辭和賓辭直接發生關係構成論句；不證自明，不需要中辭介乎其間以資證實（例如排中律：論句必須是或否定，或肯定，不得兼是兩者）。故此，凡是論句，必是矛盾兩端之一。每個論句，只有一賓辭形容一主辭，矛盾既有兩端（則論法因以有別）：《**辯證法**》，任取其兩端之一（估量辯證，近真、似真、不必真）。**明證法**，必須知所抉擇（矛盾兩端不能同真同假，必有一真一假），惟有真者可取（明證法的本性如此，不可漠不相關，任取其一）。論句有所立論（有所主張），**必須擇取矛盾兩端之一**，或此或彼（或是或否）。**矛盾是兩論句的對立，兩者完全相**
15 **反，無中立之餘地**：一方肯定，說主辭有某賓辭，一方否定說主辭無某賓辭（一方全稱，一方特稱。明證程序中有許多成分，一、**公論**，二、**公理**，三、**假設**，四、**定義**，五、**前提**）：

公論，是三段論法所用的直接論句，包含著不證自明的原理，在論法內作某類學識的最高前提；但不必須受教者未受教以前，即常懷於心際。（因為公論雖然是學者或識者的公論，但受教者仍需就學於師長，始有學而知之的可能。不是觸物自明，不待學習即能認知的。）不學而知，受教者，未受教以前，即必須常懷於心際的最高原理，叫作**公理**，**和公論不全相同**。（公論是識前公有的主張，雖然是不學則不知，但既學而知之，以後則明確無疑，公理是不學而知，人人自然常知的原理。事實上有許多原理，確是自然如此，人人公知，不但不待證明，而且觸物即明，不待學於人師。「公理」這一名辭，吾人所慣用，即是指這些原理。）

20 依照公論抉擇矛盾兩端之一，作為議論的出發點和目的，叫作假設。假設既是矛盾兩端之一，則必須是一論句，**對於某物實際的存在如何，加以肯定或否定。如果對於物體實際的生存如何不加可否，則公論之決定叫作定義**，凡是定義都是公論所採取的主張，指明事物不證自明的本體。

例如數學家的公論認為「一」字所指的數目是數量精純而不可分多的單位。「一」字的定義就是如此，是大家公認的。（這樣的定義只是名理，為說明某類事物的本體必須是什麼；）對於某類事物實際的存在如何，不稍涉及。**定義不是判斷事物實際生存如何的論句，故此定義不是假設**。（凡是公論、公理，假設，和定義，都是不待明證的直接論句，並且是科學論證可以取來作前提的。聖多瑪斯說：定義沒有論句的現實，但有論句的潛能。是現實論句分別真假必須有的前提。例如知金銀的定義，才能分辨金銀的真假，並斷定某些金銀在實際存在時價值若干）。

有了本章所謂的明證論法，即是說，根據前提明確的理由證實了結論某事如何，然後我們才必須實信某事如何並承認真知某事如何。我們的實信和真知是以結論為內容，並且全是以前提為根據。為此理由，欲知結論，必須先知前提，或知一切前提，或知某些前提。不但知其存在，並且明白認識其理由之所在；明瞭的程度還要勝於結論。這是缺之不得的。賓辭因中辭形容主辭，既適合於主辭，則更適合於中辭，並更能形容它，作它的賓辭。（甲因在乙而在丙，則甲更必在乙，這是永古不變的道理）。例如熱因火而在木，則熱必在火。又如吾因某甲之才學而器重某甲，則吾器重某甲之才學尤甚於某甲自身。（原因勝於效果，前提勝於結論，這是必然的道理。）對於知識與信念更是如此。既由知前提信前提而知結論信結論。則知前提，信前提是原因；知結論，信結論是效果。則前提之宜知宜信，勝於結論，其可知可信也勝於結論。可見欲知結論，信結論，則必先更知前提更信前提。

35 反之，在宜知宜信或可知可信的程度上，結論不會勝於前提。吾人之知識或得自推證，或來自天賦。來自推證者是結論。結論之可知可信，不是有賴於自身，而是全賴前提。最高前提，卻是公理，凡是公理都是人人天性秉賦之所能知。故依吾人心智天生的秉賦與準備而論，更適於知前提。前提公理，人心常知。結論生於前提，遇時得知而已，不必常知。**人能因有知以知**
72右 **未知，斷不能因無知以知新知。**結論既是生於前提，故不先知前提，則無以明瞭結論。前提即是公理，欲明結論，必須預先明知前提。明知公理常真，則自然全心置信而不疑。**人因推證而得真知，不但對於真理的前提，真知真信，明確無比，而且深明對方結論矛盾，前提錯誤，也是明確無比。**如此真假分明，信心堅定，不猶疑，不惶恐。真知的結果，不得不如此。

第三章　可知與可證

但因前提需要先知，有一些人，竟認為**真理不可知**；又有一些人卻認為**萬理皆可證**。兩家主張，大相衝突，都不正確，都不必然。前一家認為前提上下相因，上推可至於無窮無盡，沒有最高前提以為終止。從結論上推，永無終止，距離無限，無法跨越，則結論永無可知之時，故真理不可知。縱令有最高前提以為終止之點，但最高前提以上無前提，無以證明，故為不可知。最高前提，既是不可知，欲證結論，乃是引不可知以證不知。結果還是真理一無所知。此家認為只有證明才是真知。可證則可知。不可證則不可知。最高前提或有或無，均不可證。無以證，故不可知。即是說明證之知為不可能。此家認為，明證法為不可能，假設法乃是惟一求知的方法。即是假設某些前提真實如此，則吾人可知某些結論真實如此。後一家主張，有一點和前一家相同，即是凡是真知都是得自明證。不同之點在於主張，萬事萬理可以循環互證，故此凡是真理，都可證明，因為可以彼此相證。

吾人主張不是一切真知，個個都需來自推證。最高前提是直接論句：主辭賓辭，直接合一，不需要中辭來作媒介。最高原理，不證自明，不需要另有前提。推證程序中欲知結論必須先知前提；同時需知中辭。最高前提，無中辭。最高原理，無前提：因為它們是不證自明的真理；而且是天理必然，不得不然的真理：這樣的真理可知不可證。我們這樣的主張，不但說有些真理可證故可知，而且說：最高真理可知不可證。欲知最高前提與公理，不需求證，只需明瞭它賓主二辭的名理。名理既悟，真理立現；最高前提的本性就是如此。（其任務乃是證明其餘各級結論的真理：並是吾人真知的最高泉源。推求前提，以最高者為終止點，既不是永無終止，又不是循環推證，犯車輪病。參閱《前編》，註三三五輪病）。

明論證法，依其真義，不能是循環互證。（車輪證法，以結論自證，等於無證的強辭奪理，乃是邏輯之大病）。明證論法的本質是從先已明知的前提，推證必然的結論；前提與結論的關係乃是一先一後，一已知，一未知。（前提倡於先，結論隨於後。前提既是明理，結論乃是必然）。結論前提果如循環互證，則等於說同一事物既是先有，又是後有，既是已知，又是未知，如此自相矛盾，萬萬不可。（在同一知識程序中，同一論句，不能同時是已知又是未知）。在不同的知識程序中，同一論句，可以同時。在此程序是先知，在另一程序中卻是後知，這是可能的。（例如在演繹法的程序中普遍前提先知），在歸納法的程式中，普遍論句後知。性理次第上，先知而易知的論句，在吾人知識發展的次序上，卻是後知而難知的。（但明證論法，依其純正意義，屬於演繹法，不屬於歸納法；必欲說明證法是歸納法，則定義不恰當，而且用同樣的名辭指示互不相同的意義，同名異指，在本處便犯

了前言不答後語的錯誤；與其如此，還不如說，**歸納法是由個體察驗出普遍**
公理所用的論式；不得具明證法的本質。吾人知識發展的程序，由形體感性
的個例知識，發展到理智超越形體的普遍知識，和歸納法相同，也不可被認
為是明證法的本質）。

　　確定了明證法的本質，便知它的前提和結論，在其本有的次序上，循環
互證是不可能的。因為次序顛倒，自相矛盾，有如上文。不但如此，而且循
35 環互證，實際上無異於說：「某事如此，因為某事如此」。相同論句，重說
以自證，則明證等於無證，明證法的價值則微乎其微了。試排列三辭，構成
論式，即可看得分明，只需最少三辭，兩辭不足，四辭或五辭或更多辭，無
妨，但為明瞭論式之構造，辭之多少，沒有分別。例如說有甲則必有乙，有
乙則必有丙，果如此，則有甲必有丙。㈠但設令，丙等於甲，在丙處去丙，
以甲代之，則前提兩句，一是有甲則有乙，一是有乙則有甲，此即是循環互
73左 證了。㈡因為說：有乙則有甲，等於說，有乙則有丙。㈢此又即是等於說：

有甲則有丙。㈣但方才說：丙即是甲，從此必須說：「有甲則有甲」。循環互證的本質，刪繁就簡，約歸於此；萬般論句，各可不證自明，凡欲證明某句，只是重說兩次是矣，好不容易，但果欲如此，則是誤認無證為明證了。邏輯大病，莫重於此。

何況循環互證只限於兩辭可互為賓辭的論句。此類論句是形容本性和特性的。假設只有兩辭構成兩個論句，一個用在前提，一個用在結論，則無法證明結論之必然，必須用三個名辭構成兩個論句作前提，才可證出第三論句作必然的結論。設令甲隨乙，又隨丙，丙乙又可互隨，又同隨甲，如此則可依照第一論法第一論式的規格，構成循環互證的論式。詳見前卷，《論法總論》（即《分析學前編》）；同卷業已說明第一論法除外，其餘兩論法，或不能有循環論式，或即使有也不得重用已有的前提（則不是循環論式）。一言說盡：凡名辭不能互為賓辭的論句，無法循環互證。三辭可以互為賓辭的論句，數目稀少，只從此處，即可明見此派（凡是論句都可循環互證，凡是論句都可明證）的主張多麼虛枉而不可能。

第四章　本體賓辭

依據純粹意義說來，**科學性的知識，用明證法證實了某物如此，則某物不能不如此。**這樣的知識，主觀客觀兩方面，皆是明確而必然的。**所謂明確的知識，是用明證法證實了的知識。明證法或明證論式是用必然論句作前提
25 的論式；它的結論是必然的，因為它的前提是必然的**（理由和結論都是必然的真理）。明證法的前提是什麼？都有什麼特性？這些問題是現在應加以研究的。**必然論句的賓辭必須是全稱的：必須形容本體，而構成普遍論句。**這些名詞有什麼定義，首先應認識明白。茲分別說明如下：

賓辭全稱，是賓辭適合某類主體之全體及每一個，不是適於此，而不適

於彼，**或有時適合，有時不適合**。例如「動物」是「人」的全稱賓辭，凡遇一物，如果真的可以說它是人，則可以真的說它是動物；**既是人，則必是動物**，前後相隨，關係必然，不得不然。

又例如：凡是線必有點。為旁證此處定義的正確，可取以下這個顯明的反例，以資佐證。如果有人追問賓辭不全稱時如何？吾人必定答說：不全稱的賓辭不適於同類主辭之某部，或有時不適合。（賓辭全稱適得其反，不是不適於同類之某部，不能是有時不適合；則是適於同類全部，並是無時不適；統其全類，每物，無一不適，無時不適，故可稱指同類每物都是如何，無時不是如何，此即賓辭全稱的本質：這就是周稱。）

形容本體，賓辭之所指，以其本體構成主辭之本體，或屬於其本體。這樣的賓辭，**或表示本體，或表示特性**，都是形容主體的本體。此類賓辭所指的內容有兩種：第一是實體構成的內在因素，例如三角的實體，必由線所構成，線必由點所構成，這樣的因素必定在實體之本性的定義裡表示出來。第二是主體的本體及其內在因素，根據自己本性的定義，必須含有的種種特性。這些特性屬於主體的本體，故形容其本體。例如線的本體，必有曲直；
73右 數目的本體，必有奇偶，零整，單數，複數；面積的本體必有方圓、正方、橢圓等等；類此一切各有各必須有的特性。凡是賓辭，既不表示本體，又不表示特性，則只可形容附性，不得形容本體。形容本體的賓辭叫作本體賓辭，不形容本體的賓辭，都是附性賓辭。例如「音樂家」、「白」，給某動物（人）作賓辭。

另有一種本體賓辭，稱指自立生存的實體。然而這些實體，及（各自私有的）專名，不作其他主體的賓辭，例如柏拉圖、蘇克等等專名。但如「散步」、「白」，卻能表示個體以外的某些主體，不表示本體，故是附性公名，並是附性賓辭。單位自立的實體，及其專名，不可說是它自身以外的任何物體，而給它作賓辭。所以我說：不給（其他）主體作賓辭的個體專名，是本體賓辭；給其他主體作賓辭的某些名辭（不稱指某物之本體，而指許多物之共有情況者），都是附性賓辭。

還有一種，因本身而在某個體者，是其本體賓辭；不因本身（而在某個體者），是其附性賓辭；例如：某人行路時，天上打雷；非因其人行路之故，是乃附性賓辭（表示某人行路時，偶然遇雷）。但例如「某人被斬而死」：「死」稱指那某人「被斬」本身必有的效果：兩事本體，上下有必然的因果關係；不是偶然的（或時有時無的）。由此可見，關於絕對實知的事物，表示本體的名辭，或給主辭作賓辭，或給賓辭作主辭，兩者互有的引隨關係，是本體自然的，並是必然的。因這樣本體引隨的關係而作賓辭的名辭，都是所謂的本體賓辭。這就是說：

在明證論法的結論裡，賓辭形容主辭，是本體必有而不得不有的賓辭。這些賓辭或是在定義裡，兼指那些主辭，因此和那些主辭可以互為賓主；或是表示本體及其必有的因素或特性；不論如何，它們不能不適合於那些主辭。它們形容那些主辭時，或用直言論句，簡單表示主體如何，或用或言說法，將兩個矛盾名辭（用「或」字的意義）連結起來，稱指主體（必有這兩個名辭中的一個作賓辭，不能兩個兼有，也不能兩個都沒有）。例如說：線，凡是線都是曲線或直線；凡是數目都是奇數或偶數（意思是說，非此即彼，非彼即此：必須是此或彼）：因為彼此相反的名辭，或是**缺性名辭**，或是**矛盾名辭**，作賓辭的時候，**常是形容不同的兩種**所共有的類性，表示主體在其本類下兩種所公有的本性。（**類的本性乃是下分矛盾兩種的可能性**，矛盾賓辭既有主體可指，則必指出主體類性潛能中不得不相容並蓄的特性。兩個特性既然又是互相矛盾，則其主體在兩相矛盾的特性之中，必須只有一個：不是有此，便是有彼；反之亦然，不是有彼，便是有此；因為矛盾的定律乃是：否定一方，便是肯定另一方；肯定一方便是否定另一方。**兩方分舉，各指一種，必屬同類；兩方合舉，統指全類，分兩種，或肯定或否定，無中立之餘地，必須如此，不得不如此；因此這樣的賓辭叫作本體賓辭，即是主體之本性本體所不能不有的賓辭**。明證論法結論中賓辭的性質，即是如此。它所傳達的知識是絕對必然的真理，它所構成的論句，即是結論，是全稱本體的論句）。「全稱賓辭」、「本體賓辭」、「全稱論句」、「本體論句」的意義，統觀上文，即可確然了。（下文進一步討論「普遍賓辭」是什麼意思）。

普遍賓辭，依我的說法，**就是全稱賓辭的意思**。它屬於主體的本體，形容主體的本性，作它的全稱賓辭，和它在本性本體上有必然的關係。故此說：**本體賓辭之所指**，**是形容主體本性的賓辭**，**屬於主體本身的構造中**。例如線的本身構造中必須有點，並且必須有曲直之理。「點」、「直」等等賓辭，是線的本體賓辭，形容線的本性如何。又例如，三角，依其本性，等於兩直角，這就是說：三角的本體，在構造中必包含與兩直角相等的度數。本質賓辭，是本性賓辭：說某物本體如何，便是說：某物的本性是如何。普遍賓辭如果有周稱的作用，才是全稱的賓辭。周稱，是可以稱指現有及能有的一切**首位主辭**，並可證實確是如此。例如，「形內諸角之和等於兩個直角」

是一賓辭，但不是任何「圖形」的周稱賓辭，也不是用等邊角圖形作首位主辭，因為它不適於稱指現有及能有的任何圖形，也不能採用隨便任何圖形來證明它。例如，「方形」是一圖形，但它不能作此處賓辭的主辭：不能說它形內諸角之和等於兩個直角。這個賓辭，對於圖形說，不是周稱賓辭。又例如「等邊角的圖形」，內中諸角，確是等於兩直角，但它不是這個賓辭的首
40 位主辭。（只是許多次位主辭當中的一個。範圍極狹窄。首位主辭，位置第一，範圍寬廣，包括一切能有的同類主辭：）在本處此即泛說的「三角形」，「三角形是內中諸角等於兩個直角的圖形」。三角形，在這裡是首位
74左 主辭，比任何次位的主辭，範圍寬廣得多，而且包括同類全部，一無遺漏，只是首位主辭的全稱賓辭，才足以說是周稱賓辭，並是真正的本體賓辭；其餘的周稱賓辭（好似含混的類名或公名，範圍廣泛，不確指本體），算不得是真正的本體賓辭。周稱論句的意義，就是如此。

附註：聖多瑪斯註解說：「明證論法的結論，必有普遍賓辭。「普遍賓辭」，是

「全稱賓辭」，也是「本體賓辭」和「首位賓辭」的意思。以上三個名辭的範圍，依本章排列的次序，比較起來，一個比一個狹窄，它們的內容，卻一個比一個豐富。凡是首位賓辭，都是本體賓辭；凡是本體賓辭，都是全稱賓辭。前者屬於後者的行列，反數則不可。例如：不是一切全稱賓辭，都是本體賓辭，也不是一切本體賓辭，都是首位賓辭。全稱賓辭，範圍寬廣，內容簡單，只限於指示同類、全體公有的任何賓辭。本體賓辭範圍較狹窄，內容比較豐富，不但表示公有，而且更加一層表示某類公有的定義內所指定的本性及必然的要素和特性。首位賓辭，更加一層，表示某類首位主辭定義所必有的全類公性。例如「形內諸角等於兩直角」，對於「三角形」說，是首位賓辭，反過去說：「三角形」是它的首位主辭（互有全稱的賓主關係）。三角形是個類名，可以分成許多種，「等邊三角形」便是其一；對於上面的賓辭說，它是次位主辭。首位即是上位，次位乃是下位。在分類成種的譜系上，類之公名居首位，種公名居次位。**首位賓辭對於首位主辭有周稱的賓辭作用**。首位賓辭的範圍之中，有首位次位的比較，並以此指出周稱作用的特性。

第五章 明證法的錯誤形式

對於某主辭，實際上，某賓辭不是全稱的首位賓辭，而推證的結果卻誤
74左5 認它是全稱的首位賓辭。這樣的錯誤能在許多形式下發生，不可不慎察以為預防。主要形式有三種。

第一種形式：（有時有某物類，只包括一種，甚至只包括一個實體，因此就能將物類公名的首位賓辭誤認為是此某一種或此某個體的首位賓辭。這個錯誤，）是將上級的首位賓辭誤交給下級了。（猶言降尊就低）。

第二種形式：有時（有某物類或是自己本類以內有某公性，或是自己份內有某超類的公性），但此公性自己沒有專名。在它公性範圍之內有許多

種，和個體各有特殊的性體和名稱。（公性既無專名可名，人乃借某種或某個體的私名以形容之；因此有時，就將某種或某個體所私有的首位賓辭誤認作公性所有的首位賓辭。）這便是將下級的首位賓辭誤交給上級了。（和第一種形式，正相反。換言之：這個錯誤，是以下凌上）。

第三種形式，有時推證的結果認為某賓辭是某主辭的首位賓辭。但實際上，主辭是類名，範圍寬廣，賓辭是種名，範圍狹小，不過是主辭範圍的一部分。（這樣的錯誤，違犯了邏輯造句的規則：將應作賓辭的名辭，作了主辭，同時是在分類的譜系上，將上級下級的次第顛倒了。簡言之，可比如喧賓奪主，並且是上下倒置，是前兩種錯誤的綜合）。

這樣證得的結論（說類下某種公名，必有某名辭，作它的全稱賓辭），固然不錯，但必要說這個賓辭是類公名的首位賓辭，則不對了。所謂的首位全稱賓辭，是首位主辭，依其本性本體，全類必有的賓辭。明證法的結論，是證實兩個端辭互有首位的、本體必然的、全稱的賓主關係（這個目的，第三種形式的錯誤，不能滿足；其上那兩種形式，也是不能滿足。玆將以上三種形式，舉例說明如下）：

為第三種形式舉例：假設有人推證了結論說：兩垂直線必不相交，似乎
15 有理；但實際上，這個結論只適合於平行的兩條垂直線。（兩條線垂直而不平行，無限引長，某處必相交；則不能不相交。平行垂直線不相交，或者是說：平行線，橫切以另一垂直線，內外各角都是直角，度數彼此相等，則此兩線必不相交。如此說來；必不相交的平行垂直線，只是垂直線的一種；一部分，不是全體。故不能有首位賓主相稱的關係。）

為第一種形式的錯誤舉例：假設：凡是三角都是等邊角，並且只是等邊角。三角形的首位賓辭，三角之和等於兩直角，便容易被人認為是等邊角的首位賓辭，實際卻不是。

為第二種形式的錯誤舉例：現有二例分舉如下：

第一例：公性無名，第二例公性有名。公性無名：例如：數學上的比例

74左20 相等定律說：比例相等，前後兩對的前項後項可以彼此換位。這個定律是全稱的賓辭，普遍適於數目、線、立體，時間等等主辭。學者可以分別證明以上每一主辭都有它作賓辭，也可以只用一個證明總結起來證明這主辭共同都有它作賓辭。（但是這些主辭，彼此種別不同，所以然都有這個公共賓辭的理由，是它們背後共有一個大公之點，這個大公之點，是比例上的相同，但沒有專名可以用來標明它。沒有大公名的統攝，便只好將它們一個個分開證明；結果找不到首位主辭。有人因此誤認，以上那些主辭，每一個或總體是本處定律的首位主辭。甚至有人說：線的本性、數目的本性都是兩對比例相
25 等時，則前對後與後對前兩項可以互相換位，好像是說以上每個主辭分別開來，各自是這個定律的首位主辭）實際上，真正的首位主辭，在這裡是那些主辭背後共有的大同之點，並且是無名可名的。

第二例：公性有名：例如：「三角形是表示全類公有的本性」。類名，範圍寬廣，包括許多種，例如：等邊角、斜角、對等角等等，人可分別證明

每一種三角都是內含諸角之和等於兩直角（假設有人誤認這個賓辭是每種三角的首位賓辭，或者說是所有一切各種三角的總體所有的首位賓辭，並且在所有一切、或所知一切各種三角以外，再無其他種三角；即便假設如此），他仍是犯了錯誤。因為他沒有認出「三角形」三字依其類名定義，是此辭的首位主辭。他知這是各種三角的總數，並且能逐一數盡，天下沒有他不認識的任何種三角。（他始終不認識各種三角合成一個總類全體公有的三角形本性：因此）他仍是不認識總類公理的本體（也就無法認識總類公性本體的全體了。認識各種三角的總數及每一個，而不認識總類公性的本體及名稱，只會說，每個數目上，分立的或總數三角如何，而不會說三角，依其全類公性如何，便是沒有說中三角形類性定義的首位主辭，並且誤用次位主辭的總數或某一個，作了首位主辭）。

何時是未得認出名理的公理及全稱首位賓辭？又何時是認出了純正恰當的首位賓辭主辭呢？認出時，如何？不認出時，如何？用什麼標準分辨呢？

(惟一的標準是比較名理上本體定義的同異。假設，三角形的本體定義，和「等邊三角形」的本體定義，內容所有要素，兩者完全相同，並且時時處處常常相同，無一例外，並因此本體上的完全相同，三角形是等邊三角形的全稱賓辭；假設如此，我們便認出了它兩者的關係，是首位賓主關係。反之，假設，兩者不是完全相同，「等邊角」的本體定義，在內容的要素上，有些成分是「三角形」本體定義所不包含，並且「等邊三角」之所以然是「三角」，不是因為它有「等邊」的特殊條件，而是因為它有「三角」總類的公性，因此，可知：「等邊三角」不是「三角」定義的首位全稱主辭，而只是三角總類之上的一個分類。分類與總類的關係，不是首位平席的關係。反之總類與總類或分類與分類的關係，才是純正恰當的首位主辭與賓辭的關係。因為，主要的關鍵問題必須是：某賓辭或某特性，所以然作等邊三角的賓辭，理由確在那裡？是在乎「三角」公性的本體，或是在乎「等邊」特性的本體；換句話說：問題是那個賓辭何時用全稱的賓辭作用，首先，直接而恰

當的稱指某主辭的全類及每個主體，不多不少，範圍密切適合？並且，問題
也是：那一個全稱賓辭，可以用明證法推論出來作結論內的賓辭？並給吾人
傳達絕對必然、一無例外的公共定理？）假設某賓辭甲，適合於某主辭乙，
但此主辭乙在本體定義內包含一些成分丙，可去可留，無害於甲乙的賓主關
係。從此即可明見，那個主辭乙不是那個賓辭甲的首位主辭。同時，可去的
成分丙，既去以後，所餘的必要成分乙，添則多餘，去則不可時，則此成分
74右 乙必定是賓辭甲的首位主辭。例如：「形內諸角之和等於兩直角，」是「銅
製等邊三角」的全稱賓辭，就是說：「凡是銅製的等邊三角，都是形內諸角
之和等於兩個直角」。（設令甲代表賓辭：「形內諸角之和等於兩直角」；
乙代表主辭：「銅製等邊三角；」丙一代表銅製，丙二代表等邊，乙代表三
角），試將可去者，都去掉，不可去者，全留住（立刻即能看出，可去者是
丙一和丙二，不可去者是乙，丙一、丙二完全去掉以後，賓辭甲仍適合於主
辭乙，但如去乙，而留任何其他，則賓辭不復適合），從此可見：「凡是三

角都是形內諸角之和等於兩直角，」銅製與否，等邊與否，不是三角類有公性本體成立的理由，首位主辭是三角（不是任何其他，去掉了「三角」，則論句本身已不能成立，例如說：「凡是銅製都是形內諸角之和等於兩直角」，或說：「凡是等邊形都是……」，或是說：「凡是銅製等邊形，都是……」，都不是常真論句。還有一點需要注意：三角形必定包含形象和面積，「銅」可去，「等邊」可去，但形象與面積不可去，去之，則三角不復存在。將三角形與形象或面積互相比較，對於同一賓辭甲說話，那一個是首位主辭呢？不是形象，也不是面積，而是「三角」；因為不是「凡是形象」，也不是「凡是面積」都可用甲作賓辭，只是三角，以其本體定義，是甲的主辭，普遍如此，則時時處處常常如此。其他任何主體能給甲作主辭的，都是在本體定義裡包含三角，否則，不能因三角而得甲，足見三角為主，其他主體為副，主要主辭是首位主辭，副要主辭是次位主辭。其理明顯，稍加分別不難辨認。）

第六章 真確與必然

74右5 明確知識是明證論法的結論，證自必然真確的原理和前提：真知如何之
事，則不得不如何（「事有必至理有固然」就是這個意思），固然而必然的
賓辭為其主辭之所必有，或屬於其本性本體之定義，或屬於其必有附性之本
體定義，必有附性，或肯定，或否定，兩相矛盾，主辭擇之，必取其一，詳
論見前。明證法證明必然的結論，顯然的，必須證自必然的前提。凡是賓
辭，都是主辭之所有（既有矣，或必有，或不必有。必有者為必然。不必有
10 者為偶然。偶然有者，非必有也。必然賓辭與偶然賓辭是賓辭之兩總類，兩
相矛盾）。明證論法的前提和結論，或是必然論句，或是偶然論句；不能是

偶然論句，故此，定是必然論句。矛盾兩端，必須擇一，不得不然。

何況，明證法本身必須以必然論句為結論：（明確結論者，必然結論之謂也。）事既已明證是如此，則不能不如此。前提既是必然論句，結論則必須也是必然論句。前提真實者，結論真實，尚不需是必然，故非明證。必然前提之所證實者，非明確結論莫屬。必然前提的結論，無他，乃是明確的結論。結論明確便是真理必然的意思。明證法的本性就是如此。從它的這個本性，也可證明它的前提必須是必然論句。和上文結論相同。

此外吾人辯論之際，凡欲援引事例，反駁對方，往往對答說：「這並不必然」。意思就是說：「對方的前提，雖然對方認為是必然論句，我們卻認為它並不是必然的。」或事實上，根本全不必然，或為提出抗辯，姑且假設它不必然。（「不必然」三字，是我們的日常用語，它的含意正是說：「必然」就是「明確」，「明確」就是「必然」。說對方的前提不必然，是說對方的結論不明確。反過來說：明確結論必須用必然的論句作前提。此說正確，）日常用語「不必然」便是一個實例足資證明。

綜合前文，可以明見：明證論法的前提，不得是普通的真實論句，更不是眾人俗見臆測或公意認為真實的論句。詭辯家、辭章家，世人尊為鴻儒、哲士（他們雖然承認真知識必須有明證，同時卻主張，明證法不必以必然的論句為前提，以為有普通的真實論句或眾人公意認為真的論句就可以了。前後主張，自相矛盾），許多人思想狂妄如此，不懂得**明證法前提的明確，不在乎眾人主觀見解公認與否，而完全在乎客觀本體上，論句內的賓辭是不是主辭類性公名的首位賓辭**。許多真實論句的賓辭，雖然，形容主辭合乎事實，但不是主辭本類的首位賓辭（構不成必然論句，則構不成明證性的論法。）

假設某定理業已證明，但某人不知本處明證所根據的理由。只知結論，而不知理由，則其知識仍非真知，假設甲必在丙是結論，證自前提的中辭乙，但乙（和丙構成的論句：小前提）不是必然的（論句），則論者雖已知必然結論，仍不知其必然的理由何在（等於還沒有真知）。本處中辭，可有可無，結論卻是必然論句，其賓辭不能不有，故此可見主辭有此賓辭不能不有的理由，不得是可有可無的中辭。（只知本處中辭，可謂實是不知結論的真所以然。反之，欲知必然結論之真所以然，必須大小前提都是必然論句。這是明證法的前提必須是必然論句的另一個證明。）

35

還有一個證明如下：假設可有可無的中辭化歸無有了。論者仍在，結論仍在，論者也沒有忘記前者已有的證明；但因中辭已不在了，論者現在便不知結論還有什麼理由。因此可知前者，中辭尚在時，他的知識也不是真知結論的所以然。（當時，乃真是沒有知識，猶如中辭已不存在時一般，可有可無的中辭，不會給人證出必然的真知識。它不存在時，固然不能；它存在時，仍是照樣不能。為什麼呢？）因為，可有可無的中辭，現在雖然存在，將來可以不存在。中辭在，則生結論，中辭不存在，理應結論無由生：如此結論，因中辭之可有可無，自己也是可有可無的了。這樣說來，前提（只少，是小前提）和結論，都是可有可無的。因此，它們不能給人證明出必然真理的任何知識。（話又說回來，明證法，依其本性的定義，是給人證明必然的真理。足見它的前提和結論都應是必然論句；不得有不必然的論句混雜於其問。）

75左 說到這裡，需要補充一點，極需注意，用不必然的中辭，有時可以證出必然的結論；就是說：從不必然的前提，用有效的論式，有時可能證出必然的結論。猶如從錯誤的前提，有時可能證出真實的結論，同理：從必然的前提證出的結論，必定是必然的，猶如從真實的前提證出的結論，常是真實的，不會是不真實的。設令甲必任乙，乙必在丙，則甲必在丙。結論不必然時，中辭（即只少小前提）不得是必然，舉例反證如下。假設結論甲在丙不必然，兩前提，甲在乙，乙在丙都是必然，則甲在丙不得不是必然正與方才的假設相反，可見這個假設與事實不合，正是確證吾人原論。

明證法的結論，必須是必然論句，既如上述，則其所用中辭和前提顯然也應是必然的；否則便是既不知原因之所在，又不知結論何以為必然；甚至前提裡，如果錯認不必然為必然，則自以為對於結論之必然有所知，實際卻是無所知。前提裡，如果自己明知其理由不是必然，則對於結論之必然，也不得自信有何所知。無論所欲證的結論是什麼：或是用有中辭的論句（間接由效果推知原因）；或是用無中辭的論句（直接由原因的本性，依其定義，推知它的特性或效果。在這兩種目的不同的明證法裡，論者自知其前提不是必然，則無以自信對於結論之必然，有何所知）。

本體賓辭的定義是什麼？前者已經說明，根據那個定義，可知，「偶然賓辭」的論句不是明證法可以證實的結論。因為偶然賓辭不是本體賓辭：偶然可有的事物不屬於主體的本體，因此無法證明偶然賓辭必須屬於主辭，而構成必然結論。因為，依照吾人已有的定義，「偶然」的事物，或賓辭，便是遇時能有，遇時能無的。（這樣能有能無的意義和必有永不無的意義完全相反。這並不是說由偶然的前提不必定證出結論。）有人或者能有以下的疑

74左25 難說：結論既非必然，何故為證明它，必用某些前提？在前提裡提那某些問題，還有什麼用途？隨便任何前提放在前面，然後把結論說出來，放在後面，不是就得了嗎？管它前提是這個那個幹什麼？反正是前提和結論都是可有可無的。這樣的疑難，稍加分析，便易解除。前提裡必須問出那某些理由，因為欲證某結論，那些理由是必須的（雖然那些理由，和結論在內容上都不是必然論句。那些前提也不是結論內容必然的原因，但前提和結論兩者前後相隨的連繫，是必然的），有某前提，則必有某結論。並且如果兩前提真實，則必然證出真實結論。（在有效論式內，前提和結論，各有的內容，盡可是不必然，或不都是必然，但兩者邏輯的連繫卻是必然的。）「關係必然」，與「內容必然或不必然」不相干，（有了這個分析，上邊的疑難便解除了。）

各物類有全類公有的本性，凡本性之所有，都是必然的，不得不然；所
30 謂必然的賓辭，便是物類的公名，依全類的本性，不能不有的賓辭。明證法

的結論和前提，是由這樣的賓辭所構成。它的目的也是為證出這樣的論句作結論；否則，偶然論句既不是必然論句，用去作前提或論句，（則無法說明主辭的本性本體究竟如何；這樣就是說）無以證知結論的必然性，在物類本體上，有什麼根據（不知道這個根據，其他任何證法，都無從證知結論的必然性）：即便知道某賓辭或特性，依所有實例，常常屬於某主辭，還是不中用。例如：察驗法、歸納法、例證法等等，因為不是用知本體的方法真知某

35

物本體實有的賓辭，也不是真知（某物常有某賓辭，在本體上）所有的根據。（真知是知根據）知根據、知理由，即是知原因。這樣的真知必須用中辭屬於尾辭，首辭屬於中辭的論式，才可證明出來（此乃第一論法第一論式。《前編》，註三〇，天法元式）。

第七章 類界森嚴

明證法，如此說來，既是由類性本體推證類名主體必有的賓辭，則必須是由同類證明同類；不能逾越類界，由此某類證明某異類，例如：用算學的原理證明**形學**（**幾何**）的結論。因為明證法，在構造裡有三種成分，一是欲
75右 證的**結論**（結論即是論句），說明某類主體在本體上必有某賓辭。二是**原理**，此即公理或前提。三是主辭，主辭代表主體，是某物類的公名。明證法證明結論是推理證實某類主體，依其本體，必有的各種特性和情況。原理或公理，有時是許多物類之所共由；有時是某物類之所專有；不適合於異類，算學原理屬於數學的推算，**形學**原理屬於圖形的度量，算學計算多少，**形學**

度量長寬高，兩種學科研究不同類的主體，彼此範圍不同，問題不同，各自用的原理和公理，即使有時相同，但證出的答案不會相同，不能互相借用，用形學對於長寬等問題證出的答案，去答覆算學上數目多少的問題，自然是牛頭不對馬嘴。除非對於圖形的度量，提出算學的問題，問它度量的數字多少，然後證出的答案，雖然是證在形學，移到算學裡去，仍適合算學內相同問題的需要。（若不是如此，在算學觀點下，看圖形，算學形學的結論，不能互相借用。）此外，何時同樣的結論，可以由一類移至另一類，本書（章九及十三）另有討論。在不能互相借用結論時，算學的推證工作常不超出本類的疆界。其他各種學科（凡是運用明證法者），也都是各守各類的範圍。主要原則是：結論可以各類互相借用時，則此各類必有更高的類同之點，或是公同屬於一更大的總類，或是在某特點上，大家有共同之處。看共同之點，異類的結論互相借用的可能，因為：首尾兩辭必須和中辭同屬一類。異類賓辭不會是本類的本體賓辭：不是本體賓辭便是附性賓辭。（附性賓辭是

15

偶然賓辭，不是必然的，非主辭所必有，故不得入於明證法。為此理由，有些結論可證自某一學科，不能證自另一學科。）所以形學不會證明：「衝突事體屬於同一學科」的結論。（醫學則可以；物理學也可以，《形上學》也可以。）又例如：「兩個立方數仍是立方數」（是一個算學可證的結論），欲證以**幾何學（形學）**，**則無法辦到**。依同理，學科異類，則一科之結論，不能證自另一科，除非兩科彼此有類同的關係；例如「光學」（星象學測量學之類），屬於**形學**（幾何學）一類，當然凡是「光學」問題，都是形學一類的問題。又例如：音階學（音樂），屬於算學一類（計算節拍、音階、等數目多少。顯然是算學問題）。此外：有些線或圖形依線或圖形之理，不能有的賓辭，在另一觀點下，依另一類理由，必屬於線或圖形，這些賓辭之必屬於線或圖形，不能證於形學（幾何學），卻能證於其他科學：例如說：直線與曲線相較，那一個更是美麗？或問：直線和圓周線是否互相衝突？這一類的問題顯然不是幾何學問題。其答案，不能證自幾何學（形學）。線之美醜，非線依線形之理，所必有或必無。（但在另一觀點和理由之下去觀察，）線之美醜問題，屬於另一學科（並且屬於物類中的另一範疇：在那個範疇中，這些問題有其類同之點，共同組成一類，和幾何學無關。例如：「美學」。）

第八章　全稱論式

論式有全稱前提，則結論必定是全稱：適合於全類每一主體，永遠常真，無時無處能有例外。純正的明證法，結論顯然也必須是全稱的、永真的。論句非永古不朽的真理，不能證以明證論法，也不能因它而得純正的知識。不是全稱的永真論句，則必是有時不真的偶真論句，偶然真時，有時有處真實或只是在某些條件限制下真實，不是無限制的絕對常真。如此論句作結論時，其小前提必定不是永真不朽的全稱論句，只是因此，結論才能是偶真論句，有時真，有時不真，不能證其無時不真或普遍常真。論句如此，定義亦然。因為定義有時是明證論法的前提，有時是變形的明證論式，有時是明證法的結論。不論是什麼，定義也必須是永真不朽的全稱論句。否則便不足以成為定義。明證法可以推證屢生而不常有的事件。對於這樣的事件，我們也能有真正的知識，例如月蝕：觀察其事體的本身，及其必有的原因，顯然，它永遠常真的定義，正是如此；並且一有了那同樣的原因，它就必然發生。就它不常存在而論，它不是普遍常真的，而是時有時無的特殊事件。（但它有普遍常真的定義及其本身之所以然。）月蝕如此，其他屢次必有的事件，也都是如此。

第九章 原因：原理

證明每類的結論，不是可以用隨便什麼理由，但是只可用它本類本體必有的原因；否則不能證實某某賓辭確是那某主辭必有的本體賓辭。（理由表達於中辭裡。）

（歸納觀察，先看）最高的原理，它們是不證自明，沒有中辭的直接論
40 句；它們的真理雖然明確，但不足以證實某類主辭，依其性體（實質）的定義，必定有某賓辭。必欲主張最高公理，可以證實低級結論，則必重蹈白立松的覆轍。（數學有一條原理說：「兩個物體既有大小不同的度量，則也能有大小相等的度量」；例如松柏兩樹，既能一高一低，則能同高同低。白氏

曾用這條原理作前提，進而證明：「兩形，既能一小一大，則能同樣大小」；然而，「同樣大小者，佔同樣面積，故有同樣形象」）。今有方圓兩形，果能同樣大小，並佔同樣面積；足證方圓兩形，實有同樣形象。白氏言似有理，其實大錯。（理由如下：數學原理屬於數量範疇，類界寬廣。形圓

76左
形方，屬於品質範疇內形象之類的一種度量，類級低下，種界狹小；並且方圓兩形，類同而種異，互相衝突。）

高類原理，是其下眾類之所公有，非低類某種之所專有（故不能證實那某種的本體賓辭）；至多有時能證明它偶有的附性賓辭。（偶有的附性賓辭，既能是許多低類之所公有，則能是高類某某本體之所專有；故此不能又屬於任何低類專有之本體。方才，白氏從數量相等，證出方圓同形，正是從數量範疇高類的公理，竄入形象之類方圓的種界去了。）類級淩亂，種界舛錯，故結論不中本體，說不出必然的道理來。

5 就物之本體，知物之本然；是由物本體之因素和原因，證知物之本然；

這乃是深知物性的本體：不只是淺見其物偶有的附性情況。例如三角形甲，是形內諸角之和等於兩直角丙。（這裡，丙代表賓辭，甲代表主辭，丙屬於甲，是為了甲的本體及其內在的因素。）知甲是丙，便是真知甲的本體。

假設又說：「某某形象丁，也是丙，就是其內中諸角之和也等於兩直角；因為丁的本體（雖然不是甲，但是）包含甲；並且丁的本體因素，必定需要也有丙作賓辭（因為例如說，丁是一個「等邊三角」。從此可見：丁是主辭，甲是中辭，丙是賓辭。這裡的三辭同屬一類）。照理而論，中辭和首尾兩辭必應同屬一類。（這原是明證法，為證出本體知識缺之不可的條件）。

這個條件只有一類例外：音階學（就是音樂學）的結論，必須證以算學的原理。音階和數字不是同類（分屬於不同的學科。數學的原理屬於數理之類，品級和範圍高於音階學；它證出的結論，卻說明音階的本體是如何；並屬於音樂系之內的一個部門）。兩個學科不是同類，但所討論的主體之本然（音階和數字），有共同之點（同於都是數字的計算）。就兩者本體共同之點而去觀察，乃見仍是主體本身共同固有的內在因素，證明它是否必有什麼本體賓辭。（真知物性之本體，是絕對純正的明確知識。這是明證法的構造和目的。）

上述既已明瞭，則也明見各科固有的最高原理，非其本科之所能證明。各科最高原理需要證自各科以上更高的原理，那些原理是萬物公理。它們的知識（《形上學》），是其餘一切科學的元首和主宰。

76左 由高上的原因證實的知識，是更高明的知識。既證於無因之因，乃有至高無上的知識。所知越高明，則其學科越高上；所知高明至極，則其學科，也是至高無上的。然則，各科的明證，適於證明本類，不適於證明異類，除非方才所說，幾何學可以證明力學或光學的定理；數學也可以證明音樂學的定理。

真知與否，確答不易；由於原理屬於本科之所固有與否，不易確知。（非由本科固有的恰當原理，證不出真正明確的結論。）我們嘗想，由任何某些真實原理證出的結論，乃是真知；其實不然，尚需證自同類的本科固有的原理。

第十章 各科原理

所謂各科固有的原理，乃是其本科不能證明其實然的那些原理；包括原始名辭的定義，及由而擬成的原始論句。它們先受本科的採納，據之為真實，無力證明其真實。但能進一步用它們證明本科其他定理之真實。例如幾何學，採取「點、單位」、「直線」、「三角」等等基本的名辭，及其定義；承認它們的真實，進而推證其他。

科學明證法引用的原理分兩種：一是各科之所專有；一是眾科之所公有。公有原理，超越眾科之上，深在眾科之內，有超類的通達作用。因而既能通行於某科，乃屬於其本類；並在此限度內，構成其體系一貫的知識。例如「線長」、「線直」等等（是幾何學本科專有的原理）；「等量減等量，餘量相等」，卻是數學系各科公用的原理。各科就本類之需要而採用之；幾何學用之於體積之度量；算學用之於數字的眾寡。

此外，各科有專論的主體；也是承認其實有，而研究其應有的本體屬性（及賓辭）。例如算學研究「單位」（以「一」為萬數之元）；幾何研究點、線（面積、體積）。然而「主體」與「屬性」不同。主體的實有，及其
76右 名辭的指義，受其本科的採納（不受其證明）；屬性的名辭指義，受其本科的採納，但其「實有」，卻應受到它本科的證明。例如：算學採納「奇、偶、平方、立體」等等基本名辭的定義；幾何學也採納「曲、直、邪、正、同長，不同長」等等名辭的定義；但其「實有」與否，卻應受到原理及由原理已證的某些定理，逐步證明之。天文學的明證程序，也是如此。

一切科學的明證法，都有三個要素：第一是主體，學科承認其實有，擇定其主題（劃定其類界，並就其全類公有的本性，觀摩考究其本體屬性）。

第二是所謂的**公理**：由而推證其他。第三是屬性：學科採納其指義，證明其實有，考核為定理。然而，無妨有某學科，三個要素，不完全具備：顯而易見者，即可默存於言外（不待明言舉出）：故此有時省略主體實有之聲明，或省略屬性之指義。例如物理之冷熱，主體明顯，勝於數學所研究的數目。同樣，某些公理既為眾人所公知，則不費言明陳：例如「等量減等量，餘量相等」。然則，科學明證，就其體系之本性而論，要素有三，乃是真理固然的：一主體，二定理，三公理。公理不證自明，定理證於公理，確定主體之屬性。

基本論據（除公理以外），還有兩種：一是假設，二是要求。兩者實際上，不是本體（顯明）必然的真理，眾人意見裡，也不認為它們是這樣的真理。明證法（無異於普通論證法）討論的題材，不是心內明知的真理，而是聲發於口端的言論。反駁時，常能反駁口端的言論，卻不常能反駁心內的真理。人心明知的真理，不是「假設」，也不是「要求」。

能證明，現實不證明，提出來作為基本的論據，**有對方的同意**，叫作**假**

設；無對方同意，叫作**要求**。例如教授提出某條定理作議論的出發點，尚未證明之前，有學生同意，乃是共同接受的假設；無學生同意，乃是一方的「要求」；但讓學生接受，作為議論的出發點。

定義，不是假設；因為定義不是談論是非的論句。假設，卻是論句，並是前提。定義是名理，人應懂曉即可。假設卻不只是名理；除非強說：聽取定義而採用之以為假設。然則，假設乃是基本的論據和前提：既知其事物之實有，則必有另某結論，隨之而生。假設某物如此，則某物必有如彼某之屬性。為此，不應責備幾何學家用錯誤的論句作假設，有人認為幾何學家畫一
77左 條長不滿尺的曲線，假設它是一條一尺長的直線，是不應當的：因為不可採用錯誤的事實作假設的論證之根據。這樣的責備是不適當的：因為幾何學家推證出來的定理，不是根據他畫的那某某一條線或一個圓形，而是根據那條線或圓形所代表的觀念。

此外，凡是論據，或假設，或要求，都有全稱和特稱的分別：不是全稱，則必是特稱。定義，只是名理，沒有這個分別的必要。

第十一章　不同名異指

77左5 明證法的實有，不必須依賴「純理」的實有，也不必須依賴「許多物體或單位」之上，又有「某某純一」分離存在；惟須依賴一個事實，就是有某本義自同的賓辭，給許多主辭作賓辭，能構成真理無誤的論句。否則沒有全稱賓辭，隨之就也沒有中辭，明證論法乃無由形成。一個本義自同的賓辭，在**不同名異指**的限度內，給許多主辭作賓辭，而構成真理的論句，是明證法成立所需要的條件。

10 同名同指的任何論句、肯定和否定，不能同真（也不能同假，這是矛盾律）。除非結論須有矛盾律的形式。明證法不得採取矛盾律或同形的論句作前提。採取之，則大前提應聲明：首辭賓稱中辭，構成肯定論句是真的；而其否定乃不是真的；前提裡採取中辭及其否定作主辭，和不採取，沒有分別。第三辭，也是同樣沒有分別。例如說「人」的主辭之所指，是「動物」，人的主辭之所不指，也是動物。只要人是動物，而非不是動物，則結論真實。具體說明：賈理和非賈理者，都是動物，而非不是動物（因為賈理和「非賈理者」都是人）。原因是：首辭範圍廣大，不但給中辭作賓辭，而且也給其他名辭作賓辭（都能構成真理的論句）。所以中辭或只肯定自己，或兼指自己的否定，對於應得的結論，全無任何分別。

任何一個論句常是或否定或肯定，不可得兼，也無中立或第三可能（這是排中律，或排三律）。可以作反證法的前提，不必常是全稱（或大公的），範圍適足即可：只要包括本類。所謂本類，乃是明證法現實討論的某某主體之本類，前者方已論及（七六右四二）。

一切學科彼此有相共同的關係，在於共遵共由的最高公理。所謂公理，不是**主體**，也不是**定理**，而是**理由**：明證法用最高公理作理由，從而推證出定理，說明主體必有的本體屬性。論證有明證與辯證的分別，所用最高公理，卻兩者全無分別。（縱令有人分設學科，專以研究最高公理為目的），仍必須採用同樣公理以為明證之根據：例如矛盾律和排中律，自同律和等量律，以及其他種種公理。（所謂等量律即是：「等量減等量，餘量相等」。所謂矛盾律和排中律，乃是：「同一賓辭和同一主辭，構不成肯定和否定同真或同假的兩個論句：必是一真一假」。見前。）

辯證和明證，範圍不同。明證限於定義明確的某種某類。辯證卻無種類明確的界限，因為辯證的出發點是一個疑問，有是非矛盾，或彼此衝突對立的兩端，爭辯討論，以待抉擇，非必證出同一（種類的）結論，研討論法時，已有說明（參閱五七右四及其下數行）。

第十二章　不科學的問題

論證法的問題（簡稱論題），乃是矛盾對立兩端論句中的一個論句。每類的知識各有本類的問題，並用那些問題（在既證為定理後）作前提，推證其他結論。所以每一學科的問題是什麼，有多少，則其前提和結論（定理）也就應是什麼，有多少。類性相同，數目也相同。從此可見，學術問題
77右 隨學術系別而分類，界限明確。幾何學、醫學，各有自己的觀點和問題，不可相混。人用幾何學問題作出發點，僅能證出幾何學本科的問題，或其他學科需用相同的幾何原理能證明的問題：例如光學，或其他科學。

幾何學討論本科問題，應根據本科的原理和結論（已證的定理），以求

證明其答案。關於所用的原理，幾何學只用本科定理，無法給予證明；百科無不如此。

向某學者請教，不可隨便提出問題；該某學者也無義務予以答覆；惟應以其本科問題為限。由幾何學觀點向幾何學家，提出問題辯論，是恰當的；否則，話不切題，則不恰當。問題失當，明證或反駁，都難說中肯棨，這是顯而易見的。故此，幾何學問題不可問於非幾何學系的人，因為他們昧乎不知論證的正當與否。其他百科同樣如此。（問題是一論句，未證以前，是問題，既證以後，是定理或結論；令人推證時，叫作難題、論題，或命題。既證的定理或結論，又可作前提，推證其他結論。就學科而論，問題分「科學問題」和「不科學問題」。例如幾何學。）「幾何學問題」，幾何學內固然有之；因而隨之，是否也有「不幾何學問題」？

此外，由於何種錯誤或知識的缺乏而提出的「不科學問題」，仍屬於其本科？例如「某某不幾何學問題」，仍舊屬於幾何學的範圍，是由什麼錯誤而發生的？

由前提錯誤而舉出的「不科學問題」，能有兩種：一是內容錯誤，二是形式錯誤（或理由錯誤）。形式錯誤時，論式無效，但問題仍屬於本科：例如幾何學這一科。內容錯誤時，前提和結論不屬本科，而屬於另某學科（例如音樂學的問題，不是幾何學的問題。「平行兩線，引長則相交」，是一個錯誤的問題，但仍是幾何學的問題）；同時就其結論無效而言，它又是「不幾何學問題」：因為它不合於幾何學的推證形式（規格和原理）。這第二種不科學問題，是缺乏本科應有的知識，故是本義的「不科學問題」，比第一種的範圍較為狹窄。這樣狹義的錯誤論句，和相對的正確論句，是互相衝突的。

形式無效而生的錯誤，在數學中不是多見的；因為（數學用的論式，是明證法全稱肯定或否定的完善論式，即是天法的「亢盈盈盈」和「亨無盈無」兩式）；它們的中辭不容易受到雙關二義的誤解；而形式的無效常常生於中辭的同名異指。在《辯證法》裡，這是多見的，並不易彼人揭穿其錯誤。例如「凡是圓周的循環，都是形狀」（作大前提）；然而「凡是詩曲的敘述（周而復始），都是圓周的循環」（作小前提）；所以「凡是詩曲的敘述，都是形狀」。言似有理，事實卻不然。

反駁歸納法的論式，不可用（舉例反駁的）抗議法。論句非全稱，不得作前提，因為全稱的結論需要兩個或所有一切前提都是全稱論句。依同理，顯然，抗議法的前提，也不得不是全稱論句。在這裡，抗議法和明證法共有相同的前提。抗議的論句也是明證法和《辯證法》的前提（應是全稱的，故不得是舉例反駁時所用的特稱論句，也不得向歸納法的論式，提出舉例反駁的抗議，或任何抗議：因為歸納法前提用的中辭，是特稱的，不是全稱的。反駁歸納法而提出的抗議是常犯形式錯誤的「不科學問題」）。

不合論法的結論，也能生於兩個前提都肯定其隨辭為中辭（違反第二論

78左 法的形式），例如鎧弩（先生）曾說：（大前提）「立方相乘，加倍遞進的放射，是迅速至極的」；然則（小前提）「火的放射，是迅速至極的」，所以（結論）：「火的放射，是立方相乘，加倍遞進的放射」。這個論式是無效的：除非假定：「凡是迅速至極的放射，都是立方相乘，加倍遞進的放射；並且火的放射是迅速至極的放射」。有了這個假定，在背後作根據，上面的論證是有效的；否則是無效的。然而，但從那論法形式去看（這個根據的有無），是看不到的：故此它仍是「形式錯誤的一個不科學問題（縱令它在內容方面，有時能是真實而有效的）」。

假設錯誤前提證不出真實結論，則（由結論真假，而去）考驗前提的真假，問題容易解決：因為前提和結論在真假問題上，就能循環互證了。例如甲作前提，並是真實的；因而某些結論，乙隨之而生；我確知它們也是真實的。從它們的真實，我就能證明甲也是真實的。（有了以上的假設，這是有效的。但那個假設，是不可以接受的。結論的真實，不足以證明前提也真實。但有人往往犯這樣的錯誤：由結論真，而斷定其前提也真實。這樣的錯誤，也是一個「形式錯誤的不科學問題」回閱《分析學前編》卷二，章二～四：論式有效，前提真，則結論必真。前提假，結論卻有時能仍是真的。）

知識的增長，不在加多中辭，而在加多端辭：或直線加多而形成聯證論式；或旁面分路加多，而形成平行分類的論式。例如甲是乙的賓辭，乙是丙的賓辭，如此直線逐一遞加，加至無限（知識也便逐步增加而無止境，其潛能是無限的。但在現實的每一階段，例如丙的階段；結論必是：「甲是丙的賓辭」。端辭的無限增加，是知識增加無止境的特性；但中辭不可無限增加，因為它現實無限的加多，乃陷結論於不可能。茫茫然追求中辭無限增多，是又一個「不科學的問題」和「不科學的求知態度」）。

旁面分路增加端辭，也是知識的增加，例如一路用乙證明了甲是丙的賓辭；另一路用丁證明甲也是戊的賓辭（乃見丙和戊是甲的總類中平行分出的兩個分類）。本此方式，請用甲代表數目或有限，或無限，用丙代表某一特

殊奇數，用乙代表有限奇數作中辭，乃可證出結論：「甲是丙的賓辭」。換
言之：「丙是甲」，就是說：「某一奇數，是數」。又請用丁代表一個有限
78左20 偶數作中辭，用戊代表一個特殊的偶數：結論是：甲也是戊的賓辭，某一偶
數也是數。

第十三章　理證與事證

明證的知識，分兩種：一證自事實，二證自原理。兩者的分別如何，可分點考察如下：

第一點，在同一某某學科以內，有兩種情形，應值得注意：一是：結論不是證自無中辭的前提：沒有採取第一原因作理由；然而證自原理的知識，卻應根據第一原因。二是結論雖然是證自無中辭的前提，但其前提不是原因，而是某某賓主二辭可以交互簡單換位的全稱論句。惟此論句，是顯明易知的（勝於結論）；賓主可以換位的許多名辭當中，無妨有某一個，雖然不指原因，但較比其他更顯明而易知，故可充任中辭，而構成明證論式，證出顯明的結論。舉例，請用丙代表星球，乙代表「不閃爍」，甲代表乙真是丙的賓辭：因為那些星球確實不閃爍（作小前提）。然而甲也真是乙的賓辭；因為不閃爍的星球是鄰近的星球（作大前提）；它的真實，或證自歸納法（天文學的考察），或證自吾人器官知識，舉目之所見。那麼，結論是必然的：甲真在丙（就是「丙真是甲」）。這乃是證明了：「丙代表的那些星球，是距離吾人較近的」。這樣的證明，是根據了一個事實，不是根據了任何理由。中辭「不閃爍」，是一個事實，不是一條理由或一個原因。適得其反：「鄰近」是「不閃爍」的原因。「不閃爍」不是「鄰近」的原因，而是其效果（由果知因，是據事推證的一個事例）。

78右　那麼，根據原因而證明效果，乃是據理推證了；同例，請用丙代表星球如故，但用乙代表鄰近作中辭；又用甲代表「不閃爍」；構成論式：乙既在丙，而甲又在乙，故甲必在丙（換言譯之：丙既是乙，而乙是甲，故丙是甲）。這個論式是一個以理由為根據的明證，不是根據了事實：因為它用中辭乙指出了第一原因。（由原因推證效果，是據理推證；簡稱「理證」，和方才說的「事證」，分別判然。）

又例如：引月形之盈虧作中辭，以證月之形圓；由於形之有盈虧者（為日影之照映），都是圓形；此乃**事證**。調換名辭位置，用形圓作中辭，以證月形消長而有盈虧，是乃**理證**，形之盈虧，不是形圓的原因，而是它的效果。形圓卻是盈虧的原因。畫論式表格說明之，用丙代表月亮，乙代表形圓，甲代表盈虧。

中辭和大辭，不相換位的論式，易知而先知的名辭（即是中辭），不表示結論的原因（不是由原因推證效果），其證法僅是「事證」，而不是「理證」。天法論式，中辭居內；地法論式，中辭居外，都是事證，但仍是明證（不是辯證），只用事實作根據，證明結論的固然；不提出原因來以證其所以然。例如問題是：「為什麼原因牆不呼吸」？答說：「因為牆不是動物」。如果這個答覆是牆不呼吸的原因，則「是一動物」，應是「呼吸」的原因。依照因果律的一條定理，某物之否定，如果是賓辭否定之原因，則同物之肯定，必是相同賓辭之肯定。

例如寒暑不調，既然是身體不舒服的原因，則寒暑調暢，必是身體舒適的原因。反之以然。然而，牆不是動物，不是牆不呼吸的原因，因為不是各類動物都呼吸。這樣的論式是地法論式。畫表示之，用甲代表動物，乙代表呼吸，丙代表牆。甲故在每乙，但不在任何丙，故乙不在任何丙：就是說：凡是牆都不呼吸。結論過極，因為中辭範圍寬廣，包括不呼吸的動物；適如亞納克著名誇大的詭辯論式說：「西棣人不吹笛，因為西棣人不種葡萄」。

第二點：總結前論，可知同一學科內，事證和理證依中辭位置而論，互有的分別何在。下面討論，在不同的數種學科內，彼此相關時，事證和理證互有什麼分別？

有時，同一結論在一種學科內，用理證；在另一相關的學科內，卻用事證：因為許多學科彼此能有種類從屬的關係：例如光學屬於幾何學；力學屬

40 於立體幾何學，音階學屬於算術；氣象學屬於天文學。有些這樣的學科，不
但種類相屬，而且有同名同指的類名；例如數學的天文和航海術的天文，同
79左 屬於天文學的總類，都叫作「天文」。又如：數學中音階學和音樂科中的音
階學，都屬於音階學的總類，有同樣的類名。航海家和音樂家察驗事實，據
5 之以推證問題之答案。數學卻用原理推證同樣答案：但往往不知事實，猶如
哲學家熟知普遍而高深的原理，關於個體特殊的事物，卻往往不知底細：因
為察考不周詳。這樣的學科，本性殊異，研討事物，用心注意事物的性理。

實際上，數理學家專注意數理，而不注意其主體。幾何學家兼注意一些
79左10 主體，但只就主體以觀其度量之理，而不注意主體之本身，僅乃附帶涉及而
已。又例如：光學屬於幾何學，雲虹學屬於光學。物理學家研究雲虹現象的
事實（由效果測驗原因）；光學卻知其原因（據光之本性，而說明雲虹之所
以然）；惟有數學，知其最高原理。

有時，另有一些學科互無種類相屬的關係，例如醫學和幾何學。它們遇

15 到同一問題，前者用事證，後者用理證。假設問題是：「圓形傷口難治」；醫學證以事實：「合縫緩慢而艱苦」；數理學證以原理：「圓週線距離遙遠，而向外膨脹密積，故難合縫」。

第十四章　天法論式與科學

論法之中，天法第一，最有益於科學。大凡各種科學，需要明證法者，無不採用天法。數學系各科，例如算術、幾何、光學，固然如此；其他一切科學，凡用理證探求原因者，幾乎無一例外。理證的知識，是人類科學知識中最主要的一部分。並且，惟有第一論法，天法，有能力觀察事物的性體。地法，就是第二論法，卻沒有這個能力，因為它不能證出肯定的結論。說明事物有什麼本性本體和定義，卻非用肯定結論不可。第三論法，是人法，雖能證出肯定論句，但都是特稱；不會是性體是如何，所需要的全稱論句。例如「人人是雙足動物」，應是全稱的，不能是特稱的。形容性體的本體賓辭

構成論句，都是全稱的。最後需知天法不需要任何其他論法來補證，然而其
30 他每個論式都仰賴天法來補證：填補中辭，縮短距離，貫通首尾，而開朗其
思路，上達最高、無中辭間隔、不證自明的原理。天法高明自足，是優越獨
出的另一個理由。

從此可見：追求科學知識，第一論法，是天法，的確是最主要的論法。

第十五章　無中辭的論句

設令甲作大辭乙作小辭，甲之在乙，果能無微隙之分離，一如前章所
35 述，則甲之不在乙，也是如此密切無間。所謂「無微隙之分離」，就是「密
切無間」。確言之，即是沒有中辭介於兩者之間。兩者互為賓辭，構成論
句，或肯定，或否定，其理由在於兩辭的名理自身，不需來自另一第三辭。
但是假設，甲在某類全體，甲是類名，形容某類全體，或乙在某類全體，或
甲乙同在某類全體，每次都是全稱肯定論句，則甲之在乙，既有某類類名作
中辭，則甲之不在乙，否定句內賓主關係密切的程度，不能是第一級，即是
說：不能沒有中辭。舉例證明如下：例如甲在丙類全體（凡是丙都是甲）。

40 同時，乙不在丙類全體（凡是丙都不是乙）。假設有時，甲在某類全體，乙
79 右卻不在，則結論是甲不在乙（乙不是甲；有丙作中辭，並且是作主辭，是第
三論法；有時有效，等於第二論法）：因為假設丙在每甲（是前面甲在每丙
換位而成的新句）；同時，丙不在任何乙，則結論是甲不在任何乙：（凡乙
都不是甲，此即第二論法，仍用丙作中辭，並作賓辭）。同樣，設令乙在某
類全體，例如在丁類全體，前提說：丁在每乙，甲不在任何丁，則由此可以
證出甲不在任何乙。（這個證法是正確的，屬於第一論法；用丁作中辭）。
甲乙兩辭都各在不同的某類全體時，情形相似，證法相同。

5 賓辭各範疇，分門別類，自成一系，界限嚴明，不可混亂，不可互相逾
越。由此事實，可以斷定，有時甲所在之某類全體中，不能有乙存在；反之
亦然，乙所在的某類全體中，也不能有甲在。例如甲丙丁是一系，屬於範疇
庚，乙午已是一系，屬於另一範疇，辛。庚辛兩範疇，沒有共同之點，互不
10 相混，假設壬屬於庚之範疇，和甲丙丁共成一系，甲如在壬類全體，則顯然

的，乙不得同在壬類，必謂乙在壬類，則是逾越了庚辛兩範疇的界限，犯了倫類混亂的錯誤，乙在另某一範疇時，情形仍是一樣：範疇界限不可混亂。但假設甲乙兩者，無一在任何某類全體中，同時甲不在乙，則必無中辭：因為如有中辭，則兩者之一，必在某類全體。其論式或在第一論法，或在第二論法（不得在第三論法；第三論法不能有全稱的否定結論）；無論在那一論法，均必須有一肯定的全稱論句作前提，即是說必須甲或乙在某類全體。第一論法，小前提必須是肯定，則小辭乙必在某類全類。第二論法，或甲或乙，必在某類全體；兩前提中，只有一個不是否定。兩個都否定時，論式無效。

兩辭互不相在，也能沒有中辭；何時如此，形式如何，等等問題，統觀上文，都有明確的解答。

第十六章　無知與直接論句

無知分兩種：一是知識的否定，即是一無所知；一是知識的錯置乖方，即是所知非真，通稱錯誤、謬論、自欺等等。謬論生自推理。推理失正，故生謬論；又分兩種：一是前提錯誤，一是結論錯誤。最高前提是最高原則，無需中辭，不證自明。推理之際，人如在原則上是非顛倒，即成錯誤。前提裡採用的原則，或錯或不錯，論式如有不合規則之處，則結論也會錯誤。原則的錯誤簡單，只在原則採擇失當。結論的錯誤複雜，生自許多論式。

假設甲不在任何乙（即是說：無乙是甲），是一最高原則，不需中辭，不證自明；然後，用丙作中辭，展開議論，竟推出甲在乙的結論，便是結論錯誤。

前提錯誤時，有時兩前提都錯誤，有時只有一個前提錯誤，假設：甲不在任何丙，丙不在任何乙，是兩個真實的原則。同時，我們卻在前提裡採取了和它們相衝突的論句，則兩個前提都是錯誤（這裡的錯誤是和真理原則相衝突㈠。還有時，前提的錯誤是和原則相矛盾）：因為可能丙和甲乙聯綴起來，構成論句兩個，一個是丙不全屬於甲類（某丙不是甲，甲不在某丙），另一個是丙不全在於乙類（丙不在某乙），兩句都是真理的原則。當此之時，回憶最初採用的原則，甲不在乙不是無中辭的原則，它的賓主兩辭都不得作某類全體的主辭，故此乙不能是某類全體的主辭；不得說：丙在每乙。同時，甲（作賓辭不得逾越範疇界限），不必時時處處常作（所有各範疇或範疇以上）任何每一主體的賓辭。所以甲不必常在丙類全體。照此說來，假設兩前提是甲在每丙，丙在每乙，則兩個都是錯誤。（並且，它們的錯誤和原則的真理互相矛盾，不是互相衝突。）

兩前提一真一錯時，不可隨便任何一個前提真，只有大前提，甲在每丙，可以是真的，這是一個定理，因為，小辭乙不得在某類全體，大辭甲卻
80左
能真在丙類全體，為此小前提丙在乙類全體，永遠不會是真的㈡，證明如下：例如假設甲在丙又在乙，都無中辭，則丙乙不得互為賓辭。同一名辭作許多主辭的賓辭，都無中辭時，則那些主辭都不能互作賓辭㈢，故丙之在乙，萬不可能，即使大前提，甲之在丙，不是沒有中辭，關於此處的原則之正確，全無影響㈣。

肯定結論發生錯誤，只能有上述的這些前提和論式，屬於第一論法。其他論法，不能有肯定的全稱結論。否定結論的錯誤，能發生在第一和第二論法。下文首先討論第一論法否定結論的錯誤，發生時，有多少樣式，前提的關係和論式的構造有多少種。

第一論法，兩前提錯誤，則結論能錯誤。例如甲在丙又在乙，無中辭，是真理，討論時，前提卻說：甲不在任何丙，丙卻在每乙，則兩者都錯誤

（其結論甲不在任何乙，也顯然是錯誤）㈤，兩前提中只有一個，不論那一個，錯誤時，則結論錯誤。可能大前提真實，小前提錯誤，則結論錯誤㈥，假設大前提，甲不在丙，真實，因為甲不在所有各類，小前提丙在乙錯誤，因為甲不在任何丙時，丙不能在任何乙，則結論甲不在乙，錯誤。必謂丙在乙真實，則甲不在丙不復能是真實㈦。何況假設兩前提都真實，則結論必真實。已非本題之原論。

但如小前提丙在乙真實，大前提甲不在丙錯誤，假設乙在丙類又在甲類，甲丙兩辭彼此必是一作主辭一作賓辭，發生類界上從屬的關係，前提假設甲不在任何丙（丙也因此不在任何甲），即是說甲丙不能互為賓辭，則此前提錯誤，縱令小前提，丙在乙，真實，其結論仍是錯誤，從此可見第一論法，兩前提，或只有一個錯誤，或兩個都錯誤，則結論錯誤。

第二論法，兩前提不會同時完全錯誤：甲乙兩辭，甲在每乙時，不會有任何中辭在其一而不在其二，依照論式規格，在第二論法，中辭必須在其一而不在其二，否則論式無效，假設兩前提都是完全錯誤，則和論式規格適相衝突，並且位置顛倒（結論必與原有的假設，甲在每乙，適相衝突），故此是不可能(九)。

但第二論法無妨兩前提部分錯誤，例如丙在某甲，又在某乙是真理，前提卻假設丙在每甲，不在任何乙，則兩前提都是錯誤，不是完全錯誤，而是部分錯誤（和真理不是大相衝突，而是互相矛盾，或小相衝突）。前提否定句位置調換後，結果仍是相同(10)。

第二論法，兩前提中，不論那一個，只有一個錯誤時，則能推出錯誤的結論，假設真理是丙在每甲而又在乙（甲在每乙，或在某乙），議論中卻說：大前提丙在每甲而小前提不在任何乙（則結論丙不在任何甲）；顯然，大前提真實，小前提錯誤，結論也錯誤，情形改變一下，進一步說：丙如不在任何乙，則不在每甲。丙如在每甲，則必在每乙，則與假設有違，假設是丙不在任何乙(二)，如此，議論中假設大前提丙在每甲，小前提不在任何乙

（則結論甲不在任何乙），大前提錯誤，小前提真實（結論錯誤）。㈡

否定前提，位置調換時，情形乃是相同，丙如不在任何甲，也不能在任何乙，議論時明說：大前提丙不在每甲，而在每乙（則結論甲不在任何乙），則大前提真實，小前提錯誤（結論也錯誤）㈢，再換一式：小前提丙在每乙，大前提卻說丙不在任何甲，則大前提錯誤，因為假設丙在每乙，則必在某甲，議論時，既說小前提丙在每乙，大前提丙不在任何甲，則小前提真實，大前提錯誤（結論也錯誤）㈣。

總結上文，可以明見，從無中辭的論句（無縫論句），通過錯誤的前提，可以推演出錯誤的結論，或兩個前提都錯誤，或只是任何一個前提錯誤（章終）。

附註

註一：可用甲代表實體，乙代表品質，丙代表數量。

是事物的實況。	故說每乙是甲。	全錯
而且無乙是丙，	又說每乙是丙，	全錯
既然無丙是甲，	竟說每丙是甲，	全錯

註二：試用甲代表實體，乙代表品質，丙代表形體。

是事物的實況。	故說每乙是甲。	全錯
而且無乙是丙，	又說每乙是丙，	全錯
既然每丙是甲，	既說每丙是甲，	全錯

註三：甲代表顏色，乙代表白色，丙代表黑色。異種同類。每乙是甲，每丙也是甲，但丙不得是乙，乙也不得是丙。$甲<^{丙}_{乙}$。**異種而同類者，不互賓稱。**

註四：甲代表生物，丁代表動物，丙代表人，乙代表草木。每乙是甲（無中辭），每丙（因是丁），而是甲（有丁作中辭），但乙丙仍不得互是。

甲是上類，丁是中類，丙是下類。戊丙同級，兩類互異，而同屬於丁。乙丁也是兩類，互異，而同屬於甲。故丙乙也是類性互異，而同屬於甲。甲是宗類。同類下，分出的異類，不能互為賓辭，或無中類，或有中類；或一又有中類，一支無中類。**異類而同宗者，不互賓稱**。

註五：用甲代表動物，丙代表貓，乙代表馬。異種而同類。

每丙是甲，	如說無丙是甲，	全錯
每乙是甲，	又說每乙是丙，	全錯
真實。	故說無乙是甲。	全錯

註六：用甲代表品質，乙代表白色，丙代表顏色。丙屬於甲類。

每乙是甲，	如說每乙是甲，	全真
每乙是丙，	又說無丙是乙，	全錯
真實。	故說無丙是甲。	全錯

註七：甲代表動物，乙代表人，丙代表石板。每乙是甲。天法亨式。

無丙是甲，	如說無丙是甲，	真實	甲丙異類。
無乙是丙，	又說每乙是丙，	錯誤	乙屬於甲類，
真實。	故說無乙是甲。	錯誤	不得屬於丙類。

註八：甲代表生物，丙代表植物，乙代表花草。乙屬於丙類，丙屬於甲類（丙為中辭），故乙屬於甲類。

每丙是甲，	如說無丙是甲，	錯誤
每乙是丙，	又說每乙是丙，	真實
每乙是甲；	故說無乙是甲。	錯誤
真實。		

註九：參閱《分析學前編》，地法論式有效和無效的定格。

註一〇：地，亨盈無無。甲代表動物。丙代表四足獸。乙代表馬。前提換位，乃得亨無盈無。

某甲是丙，	如說每甲是丙，	半錯
每乙是丙，	又說無乙是丙，	全錯
每乙是甲。	故說無乙是甲。	全錯

註一一：甲代表植物，丙代表生物，乙代表楊柳。地法亨盈無無。

每甲是丙，	如說每甲是丙，	真實
每乙是丙，	又說無乙是丙，	錯誤
每乙是甲。	故說無乙是丙，	錯誤

註一二：地法，亨盈無無，論式同上，但用甲代表植物，丙代表礦石，乙代表楊柳。

註一三：前提大小位置調換，地法，亨盈無無，乃改成亨無盈無。回閱註十一。

註一四：將註十二的亨盈無無，改成亨無盈無。

第十七章　錯誤（假）

相反有中辭的真理論句，或肯定，或否定，找到了本類固有的中辭，構
80右20 成論式，便能推演出錯誤的結論來。惟需大前提錯誤，不可兩前提都錯誤。
所謂本類固有的中辭，乃是矛盾結論的主辭本體需要的中辭（這樣的中辭屬
於主體本類），設令（第一論法的）結論是甲在乙，用丙作中辭，小前提丙
25 在乙，依論式規格，必須是肯定論句。它不可變質（也不得換位），故其論
句常真。大前提甲在丙因變質而產生衝突的結論；故只有大前提能是錯誤論
句（並是結論錯誤的原因）㈠。同樣，設令中辭取自另一範疇及賓辭的系
統，論式仍有同樣的構造形式。例如每丁都屬甲類，又是每乙的賓辭；丁在

每乙，不變。甲在每丁變成甲，不在任何丁，則結論錯誤。並且是大前提錯，小前提不錯㈡。可見中辭或屬於主辭的本類，或取自另一類，只要適合於主辭，大前提錯誤時，則產生大致相同的錯誤結論。假設中辭不屬本類，能作大辭甲的主辭，不作任何乙的賓辭；如此構成論式，則兩前提都錯誤，和真理論句適相衝突。否則構不成有效論式。但兩前提既和真理衝突，則兩個都是錯誤。例如：甲在每丁，丁不在任何乙，這兩個論句是非顛倒後，一個是甲不在任何丁，一個是丁在每乙，構成的論式固然有效，它們兩者卻都是錯誤㈢。但是，如果中辭丁不能作大辭甲的主辭，則大前提甲不在任何丁是真實的；小前提丁在乙錯誤。大前提真實，因為中辭之所指，真是不能屬
81左 於大辭甲所指的物類。小前提錯誤，因為，假設小前提不錯誤，則兩前提都真實，結論也必真實。今依原有的假設，必欲有錯誤的結論，則小前提需是錯誤的㈣，中辭不屬本類時，能形成這樣的有效論式並能產生錯誤的結論。

第二論法所構成的論式中，不能兩個前提都是完全錯誤；因為乙作甲的

主辭，屬於甲類時，沒有任何第三辭可以在每乙，而不在任何甲，或在每甲而不在任何乙，理由見前（參看80左29）；但只有一個前提不論是那一個，能是錯誤的。假設丙在甲又在乙，是真理。議論時卻說大前提丙在甲，而小前提丙不在乙，則大前提真實，小前提錯誤，論式有效，結論錯誤㈤。調換位置，假設小前提丙在乙，而大前提丙不在甲，則小前提真實，大前提錯誤，論式有效，結論錯誤㈥。

綜如上述，錯誤結論是否定論句時，何時產生，為什麼原因產生等等問題，就得到了答案。

假設錯誤的結論是肯定論句，所用中辭也是屬於主辭的本類，則不能兩前提都是錯誤；因為小前提丙不在乙不得變動；變動，則論式無效；前者已有詳論。為此常是大前提甲在每丙，需是錯誤的，因為只有它可以因變動而換質㈦。但是如果所用中辭不屬於主辭本類，來自另一賓辭系統（不得作大辭甲的賓辭，不屬於甲類），情形仍是相同，和錯誤結論是否定論句時相同，前者已曾論及，即是小前提丁在乙不得變質，大前提甲在丁必須變質，丁作中辭，結論錯誤同前。

另一方面，假設中辭丁不是小辭本類之所固有，但屬於大辭甲之物類（能作甲之主辭），則大前提真實，小前提錯誤，因為可能甲在許多主辭，雖然這些主辭卻不能互在㈧：即是說，不能互為賓辭。但假設丁不屬甲類，不作甲的主辭，這顯然常是錯誤的。因為依照原有的假設，丁作甲之主辭，
81左
即是說：「丁是甲」，才是對的㈨，小前提「丁在乙」，能真⑽能不真⑾，因為甲不在任何丁，丁卻在每乙，是完全沒有阻礙的，例如動物不在任何知識，知識卻在音樂學的每一科，反過來說：甲不在任何丁，丁也不在任何乙，也是全無阻礙的⑿。由此可以明見，中辭不屬於大辭之類，大前提應否定說丁不是甲時，錯誤的論式中，有時可以兩前提都錯誤，又有時只是一個前提，不論那一個，必是錯誤的。

錯誤的結論，或相反無中辭的真理，或相反明證法證實的真理，都是生

自錯誤的論式，每個論法能有多少錯誤的論式，每個錯誤論式都有何樣的前提，回顧前文，蓋可了然於目了㈢。

附註

註一：天法，元盈盈盈，及利盈有有。甲代表生物，丙代表動物，乙代表人。將小前提換作特稱肯定，乃得「利盈有有」。

真理	謬論	句價
每丙是甲，	無丙是甲，	錯誤
每乙是丙，	每有乙是丙，	真實
每乙是甲。	無乙是甲。	錯誤

註二：甲代表理智者，丁代表會笑，乙代表人。

真理	謬論	句價
每丁是甲，	無丁是甲，	錯誤
每乙是丁，	每乙是丁，	真實
每乙是甲。	無乙是甲。	錯誤

天法，亨無盈無。「會笑」屬於「品質」的範疇。人屬於實體範疇。

註三：甲代表生物，丁代表動物，乙代表楊樹。

真理	謬論	句價
每丁是甲。	無丁是甲，	錯誤
無乙是丁。	每乙是丁，	錯誤
每乙是甲。	無乙是甲。	錯誤

乙類不屬於丁類，丁卻屬於甲類。反說之，故是錯誤。

註四：甲代表植物，丁動物，乙桃樹。

真理	謬論	句價
無丁是甲。	無丁是甲，	真實
無乙是丁。	每乙是丁，	錯誤
每乙是甲。	無乙是甲。	錯誤

乙類不屬於丁類，丁類卻不屬於甲類。說丁屬於甲，故是錯誤。

註五：甲代表動物，乙人，丙生物。

真　理	謬　論	句價
每甲是丙。	每甲是丙，	真實
每乙是丙。	無乙是丙，	錯誤
每乙是甲。	無乙是甲。	錯誤

地法，亨盈無無。前提位置調換，乃得亨無盈無。

註六：地法，亨盈無無，移無換無，乃得亨無盈無。參閱《前編》，及前註。

註七：甲代表植物，丙動物，乙人（不能是地法）。

真　理	謬　論	句價
無丙是甲，	每丙是甲，	錯誤
每乙是丙，	每乙是丙，	真實
無乙是甲。	每乙是甲。	錯誤

天法，「亨無盈無」是真理，則「元盈盈盈」是錯誤；雖然小前提真實。

註八：甲代表無理性，丁畜牲，乙人。

真　理	謬　論	句價
每丁是甲。	如說每丁是甲，	真實
無乙是丁。	又說每乙是丁，	錯誤
無乙是甲。	故說每乙是甲。	錯誤

註九：甲代表能言，丁代表會笑，乙代表理智的動物。

真　理	謬　論	句價
每丁是甲。	如說每丁不是甲，	錯誤
每乙是丁。	並說每乙是丁，	真實
每乙是甲。	遂說無乙是甲。	錯誤

註十：同上。

註十一：同於註四。

註十二：同於註八～九，兩相比較。

註十三：參閱《分析學前編》，註二三九～二六四真假配合論式。

第十八章　歸納法與明證法

吾人的理性知識，取源於覺性知識。缺乏了某種覺性的知識，則某種理
40 性的知識無由取獲，故必隨之亦陷於缺乏，這是顯明的一個事實。吾人開拓
81右 知識，惟有二法，一是考驗法，一是明證法，明證法以普遍的原理為出發
點；考驗法以察驗特殊的事實為出發點，但最初，如不先用考驗法經歷個例
的事實，便無從獲得普遍的原理，甚至不著形體的純理，也是經過考驗才進
5 入吾人心智中的；否則不會產生吾人所有的知識。凡是理性所知的普遍原
理，無論如何神妙精純，都是寓存在物類的性理中。不是和物類的性體相隔
離的。凡是理智所知的理，雖然是無形的，但都是有形物類性體內具有的性

理。無覺性的知識，不能考驗有形的物類，便無從認識它們的**性理**。普遍的物性物理，實現在各類每個事物中，欲知各類每個實有的事物，非用覺性的知識不可。認識個體的有形事物，是覺性識能的本職。明證法，從普遍的原理出發，無考驗法，則無從開始。考驗法，察驗個例的事實，離開覺性知識的範圍，則無處著手。（考驗法，就是格物法，通稱歸納法。明證法，是審思明辯的推理法，也叫論證法，或悟入法。考驗法，廣人見聞，引人由博間多見，醒悟簡易的義理。明證法，由顯明的原理，推證必然的結論；或由考驗所知的效果，推證其原因，叫作事證法；或由原因推知其效果，叫作理證法。以上各種求知的方法，都用三段論法的形式，詳見本書。）

第十九章　賓主關係的品級

凡是三段論法，都是由三辭構成。肯定論式，兩前提都是肯定論句：由甲在乙，乙在丙，證明甲在丙。否定論式：一前提否定，一前提肯定：由甲不在乙，乙在丙，證明甲不在丙，（第一論法如此，其餘論法，形式不同，但都可約歸第一論法）本書已有詳論。顯然的，所謂前提乃是理由和根據。接受前提者，必定證出結論。有時前提每句又有前提，就是理由之上，又有理由，或根據之下，又有根據：例如前提甲在乙，乙在丙，則結論甲在丙；乙為中辭。但為證明甲在乙，則需另有中辭：例如甲在丁，丁在乙，是前提，則結論甲在乙：丁作中辭。同樣，需有另一中辭，如欲證明小前提乙在丙。論法分實真與近真。**實真論法，也叫明證論法**，由客觀真實、理由明確的前提，證出明確的結論。近真論法，也叫似真論法：**根據眾人公認以為真的主觀見解，較量矛盾的兩端，尋找較比最受人贊稱的理由，辯證出最近似真理的結論**。因此，**近真論法，也叫《辯證法》**。《辯證法》的中辭，不是客觀真實的中辭，只是主觀意見認為近真的中辭。中辭即是理由，為證明客觀真實的結論，需要找出客觀真實的理由，此處問題的實際內容可以陳明如下：

81右25 兩個名辭，一作主辭，一作賓辭，彼此發生的關係，叫作賓主關係；分兩種；一是本體的賓主關係，一是附性的賓主關係。附性的賓主關係又分兩種：一是附性主辭的賓主關係，一是附性賓辭的賓主關係。附性主辭的賓主關係中，主辭是賓辭的附性，例如說：「某白（物）是人」、「白」是主辭，「人」是賓辭，白是附性，不是人的本體。（說「某白是人」，意思不是說：「人的本體附著於白色」，也不是說白色是人的主體，更不是說人的本體屬於白色，而只是說：「人的本體屬於某白色所在的主體」，即是說：「白色所在之某物，人的本體也在那裡」。）反之，在附性賓辭的賓主關係裡，主辭是賓辭的主體，賓辭是主辭的附性（這樣的關係是正常的，比前面那一種關係，更合乎自然。例如說）：「某人是白物」，人是主辭，白是賓辭，因為人是白色的主體，「某人白」，是說：「白色附著於人」（猶如附性附著於主體；賓辭附屬於主辭、並且是說：某人之實體是白色附著的所在，和主辭「白」所指的「白物」，是一個實體。這樣比較起來，第一種附性賓主關係比第二種附性的程度較深，去本體的賓主關係，距離較遠，分別較大）。

（本體的賓主關係，是主辭賓辭，各依其本體本性，彼此必有而不可能無的賓主關係，上面既知有附性的賓主關係，此間，便可因之以斷定必有本體的賓主關係，就是必有某些名辭彼此間的賓主關係，是以兩方的本體為基礎；不是根據著附性，附性附著於本體，以本體為主體；有附性必有本體）。依同理有附性關係，必有本體關係（另有詳論）。

（主辭或賓辭，能有許多等級，高下不相等，依次排列起來，由主辭上升，或由賓辭下降，可以構成梯形的系統）。設令丙是**最低的主辭**，丙字以下沒有任何較低的名辭，來作它的主辭；丙字以上，卻有許多等級不同的賓辭。假設乙是丙的第一級賓辭，沒有任何中辭介乎其間；再進一步，假設午是己的第一級賓辭，己是乙的第一級賓辭，都是再無中辭介乎兩者之間。如此，各級賓辭逐級升高，構成梯形的系統，請問這個系統繼續增高，有無止境？

另一方面，假設沒有任何名辭，依其本體，可以作甲的賓辭。甲是最高的賓辭。甲以上，再無賓辭。甲以下，卻有許多主辭：假設庚是甲的第一級主辭，沒有任何其他中辭，介乎其間。辛是庚的第一級主辭，乙是辛的第一級主辭，如此排列起來，也構成一個梯形的系統，請問這個系統逐級下降，有無止底？主辭系統下降，賓辭系統上升，兩不相同，問題也不相同，一個是上升者有無頂巔？下降者，有無止底？抑或上升下降，各無窮盡之時？此82左外，還有一個問題（和前兩者相同），即是：設有上下兩端，固定不移，兩端之間的諸級賓辭主辭，能否多至無限？意思是說：例如甲因乙是中辭而作丙的賓辭，更加一級又有其他名辭丁，作甲和乙的中辭；再加一級，又有其他名辭戊，作甲和丁的中辭，如此上升，升至無限（或下降，降至無限），永無止境，可能？或不可能？

以上賓主系統有限無限的問題，和明證系統，有限無限的問題，是一個問題。明證系統是前提系統，也就是中辭系統。假設前提之前又有前提，請問逆溯窮究，有無最前的前提，以為止境？或者是，結論證自理由又證自更高的理由，凡是論句都需證明？（理由之上，又有理由，前提之前又有前提；根底之下，又有根底；原因之上，又有原因，是不是永無止境？）對於
82左
肯定論式，問題如此；對於否定論式，問題也是一樣：例如甲不在任何乙，

或有中辭，或無中辭，如有中辭庚，則甲不在庚，而庚在每乙，故甲不在乙。換句話簡譯之，甲不在乙，因為甲不在庚，再進一級，如有更高中辭辛，甲不在任何辛，而辛在每庚，則甲不在任何庚，即是說：甲不在庚，因為甲不在辛，如此，逐級前進，追求理由，一句比一句深遠，構成系統，理由，前提，和中辭的數目是不是可以多至無限？問題就是在此。

15

賓主系統上，等級分上下，次序分前後，秩序固定不可隨便互相顛倒，不同級的名辭，上級是賓辭，下級是主辭，上級在前，下級在後，顛倒過來，上級作主辭，下級作賓辭；上者下，下者上；前者後，後者前；則不可。各級互為賓辭，或互為主辭，無上下之別，無前後之序，無賓主之分，則構不成品級固定的系統；也便不能發生有限無限的問題（因為這個問題的意思乃是追問，是不是上有極巔，下有止底；前有元首，後有末尾；中辭數目有限無限）？為此理由，可以互為賓主，互相顛倒的名辭間，沒有系統之可言，也沒有「有限無限」之問題可設。但只有一個例外，即是說：首尾互

20 相顛倒的兩名辭不是同等的本體名辭；而是一方是本體名辭，一方是特性名辭。（這樣的名辭，賓主關係雖然可以互相顛倒，但仍有本體與特性間的先後次第，固定不移。本體名辭屬某主體的定義，和主體共屬於同一範疇。特性名辭，表示主體必有的附性，和主體不同屬於一個範疇：主體屬於實體，特性屬於附性。）（續論在下章）

第二十章　賓主系統，級數有限

假設賓辭系統，上下兩端都有止境，則中間諸級不能多至無限，這是顯明的。此處所說的上下，是廣狹的意思。賓辭分普遍與特殊。在系統的品級上，普遍者是類名，居上級，範圍寬廣，延及全類。特殊者是種名，居下級，範圍狹窄，限於某種。高廣者作賓辭，叫作大辭、首辭。低狹者作主辭，叫作小辭、尾辭。介於其間者，謂之中辭。大小首尾兩辭之間，範疇系統固定，中辭數目，各級不能是無限的。理由如下（參閱《前編》，註二二六：類譜）：

設有甲已二辭，甲是已的賓辭。甲已兩者之間，中辭各級，數目無限，

82左 用符號乙代表之。乙類中辭諸級既是無限，則由甲開始，逐級下降：主辭之下，又有主辭，永遠無法達到最後的主辭己。同樣，由己出發，逐級上升，賓辭以上，又有賓辭，也是永遠沒有達到最後賓辭甲的一天，因為距離無限，無法跨過。此即等於說，甲己的賓主關係，無法締結成功。說甲己有賓主關係；同時又說，兩者之間中辭無限，乃是自相矛盾的。

有人能說：甲乙己的系統，在組織上分兩種，一種是緊湊連接，各級之間毫無間隔（故此，乙類賓辭諸級雖是無限，甲己仍因連接緊湊，而成立賓主關係）。一種卻是鬆散稀疏（綿長可分，越分越多，永時不竭，甲己因此永無接頭之時）。

以上這兩種分別，並不足以影響既有的結論：因為不論系統組織的鬆散或緊密，同樣的問題依然存在：乙類中辭諸級數目是有限或是無限。本處，依照原有的假設，既說是無限，則甲己之間仍有無限的距離（無法跨越，無法交接，無法締結賓主關係，清楚說，即是甲無法作己的賓辭，說任何兩辭有賓主關係，同時又說，兩辭之間，有等級數目無限的中辭，乃是同時說兩辭沒有賓主關係，顯然是自相矛盾）。

附註

圖例一：用「在」字

解既然甲在乙，乙在丙，丙在丁，丁在戊，戊在己；所以甲在己。

圖例二：用「是」字

既然己是戊，戊是丁，丁是丙，丙是乙，乙是甲；所以己是甲。

第二十一章　否定論式的中辭系統

在論式裡，中辭系統，即賓辭系統，逐級遞進，上升有極巔，下降有止底。肯定論式如此，既如前章所述；則否定論式顯然也必如此。無論是上
82
右升，或下降，都不是永無止境。所謂下降必有的止底，是最低的主辭；例如前章圖例中的己，它是系統內各級賓辭的主辭，卻不作任何主辭的賓辭。所謂上升必有的極巔，即是最高的賓辭，例如圖例中的甲，它是系統內各級一切主辭的賓辭，卻不是任何賓辭的主辭。系統，不分賓主，遞進不分升降，上下都有止點，肯定時如此，否定時亦然。為證明否定時亦然，現有三種理由可以陳述如下：

㈠假設小前提是乙在丙所在之每處。大前提，甲不在丙所在之任何處（則結論是甲不在丙所在之任何處）。小前提方面，乙在丙，順著前提中辭及主辭的系統，逐級下降，必止於最低主辭論句。這個論句是無中辭的論句，並且是下降必至的止點；因為小前提乙丙之間的距離是肯定句內的賓主關係。肯定句的賓主系統，下降必有止底。所以推求小前提的小前提，依主辭系統下降，也必定有所止底（即是有最後的小前提，它是一個無中辭，無前提的論句：例如圖解中的「乙在丁」）。

大前提方面，既是甲不在任何乙，追求理由，顯然是因為甲不在任何丁，而丁在每乙；再進一步，甲不在丁，必是因為甲不在……（丁、戊、己、庚、辛）……甲不在辛，是最後的大前提，是上升必至的極巔，如此，小前提方面，下降，必止於最低的主辭論句作最低的小前提，大前提方面（否定論句），逐級上升，也必止於最高的賓辭論句，作最後的大前提（最高的主辭和最高的賓辭，構成無中辭的論句；密切無間的程度；從賓主兩方

面說：都是第一級）。故否定大前提，也有最後中辭，在否定句內作甲的第一級主辭。㈠

㈡假設乙在每甲，而不在任何丙，改乙不在任何丙；因為，依照原有的假設，乙必有更高某辭作賓辭；此賓辭代以符號丁，再進一步，丁不在任何丙，是因為另有一辭，即是午，不在丙，而在丁，午是最後中辭，午不在丙是最低的小前提，大小前提，肯定時，有止點，前者已有證明，故肯定否定，都有止點。㈡

㈢第三論法證明的方式，前者業已舉出：步驟如下：假設大前提，丙不在某乙，小前提甲在每乙，結論則是丙不在某甲，為證明大前提，丙不在某乙，可用上述第一第二論法，顯然都有止點，或用本處第三論法，證法相似，結果相同，丙不在某乙，因為丙不在某丁，乙在每丁，再進一步，丙不在某丁，因為丙不在某午，乙在每午，如此，逐步推往。但因小前提肯定，下降必有止點，可知大前提否定，上升，也不能沒有止點㈢。同一結論證自一個論法，中辭及前提系統，上升下降，必有止點；即便證自三個論法，先證自第一，後證自第二，最後證自第三，（或改換次序），總數會在一齊，
82右30 仍不是無限；因為，有限乘有限，其積有限：有限加有限，總數仍是有限，不會變為無限，故不能沒有止點。

綜合前文，可以明知論證的肯定系統，既有止點，否定系統，隨之，也
35 不能沒有止點。肯定系統必有止點，從邏輯觀點，分析賓辭性質，也可得到真確的證明，詳見下章。

附註圖解

註一：既然無乙是甲，並且每丙是乙，所以無丙是甲。

小前提：既然每丙是辛，每辛是庚，每庚是己，每己是戊，每戊是丁，而每丁是乙：所以每丙是乙。（丁乙之間，沒有中辭）

大前提：無乙是甲：因為每乙是壬而無壬是甲；

無壬是甲：因為每壬是丁而無丁是甲；

無丁是甲：因為每丁是戊而無戊是甲；

無戊是甲：因為每戊是己而無己是甲；

無己是甲：因為每己是庚而無庚是甲；

無庚是甲：因為每庚是辛而無辛是甲；

無辛是甲：因為直接互相矛盾。

註二：

既然每甲是乙，	並且無丙是乙，	所以無丙是甲；
因為每乙是丁，	但是無丙是丁，	所以無丙是乙；
又因每丁是午，	然而無丙是午，	所以無丙是丁。

註三：

既然某乙非丙， 並且每乙是甲， 所以某甲非丙；
因為某丁非丙， 但是每丁是乙， 所以某乙非丙；
又因某午非丙， 然而每午是丁， 所以某丁非丙。

讀法：先由下而上：因為某午非丙，所以某丁非丙；因為某丁非丙，所以某乙非丙；因為某乙非丙，所以某甲非丙。然後由上而下，逐欄閱讀先右後左。註二仿此。

第二十二章　本體賓辭的類譜

有些賓辭，表示事物的性體，這些賓辭各級類名和種名的系統，顯然必有止點；不能是無限的。

因為，定義即是界說：（劃定類界種界）給人指明某物「**當是什麼物的所是者**」（劃定類界種界，即是對於某種物體的本性，聲明它最低狹最切近的類名和種別特徵，這是它的種有性體必不可少的兩個賓辭，暗涵高級的各級類性賓辭）：假設各級類性賓辭，排成系統，上升下降，都無止境，數不清，說不盡（找不到最高和最低的類名種名），便造不成定義；即找不出界說來（各級類性賓辭，都是性體賓辭），這些賓辭的類級系統，欲使人知物之定義，上升下降，不能沒有止點。簡言之：定義是可能的；所以性體賓辭各級所排成的系統，不能是無限的（定義指示性體，性體就是本體，本性，物之所以然，或「物嘗是什麼物之所是者」）。

83左　普遍說來，「某白物行走」，「某大物是木」，「某樹高大」，「某人行走」，這一類的論句，都是正確而真實的，但前兩句是一類，後兩句是一類，兩類互不相同，在邏輯的性質及指義上，彼此大有分別。

分析比較起來，「某白（物）是木板」，這句話的意思是說：「白色所依附的某主體是木板」；不是說：「木板生存所根據的主體是白色」；也不是說：「白色的本體變成下木板」；也不是說：「白色本體的某部分變成了木板」；而是說：「某主體是木板，附有白色」，確切言之，不是說：「白色的色性是木板」，而是說：「白色之所依附（不是白色色性之本體），而是一實體，是白色的主體，又是木板」。（換言之：「就其本體說，某白是色而不是木板」；「就其本體外面偶爾所遇到的主體說，「某白色物是木板」。從此說來：「木板」不是「某白」本體的賓辭；而是它偶有的附性賓辭。它們兩個名辭，彼此之間所有的賓主關係不是本體上的關係，而是附性的關係；並且是附性賓主關係的第二種，即是附性主辭的賓主關係。）

另一方面，「木板是白的」，這句話的意思不是說：「木板本體以外，依附著某主體，這個主體是白的」；而是說：「木板的本體是一個實體，並是白色依附所在的主體。」（也不是說：「木板是一物，白色另是一物，實體上，互不相同，木板依附白色，用白色作主體」，反之，卻是說）：「白色依附木板，用木板作自己的主體」，（在這裡，白色固然是木板的附性賓辭，但木板的實體是白色的主體，兩者的賓主關係，是附性賓辭的賓主關係；和附性主辭的賓主關係不相同，在附性的程度上，比較起來，附性主辭的關係深於附性賓辭的關係）。

另一方面：「某音樂家是白的」；這句話的意思是說：「某人是白的，附有白色，並附有音樂的技能」；「附有白色的人，是音樂的技能所偶而依附的主體」：（這裡的賓主關係內：主辭是附性名辭，賓辭也是附性名辭；兩者的賓主關係，是附性主辭和附性賓辭的附性關係，附性的程度更深於前兩種）上面「某白是木」句內的附性主辭關係和這裡這一種關係，更相近，反之，「木板是白的」，附性程度較淺；因為，關係中的兩端，一端是以本體為關係的根據，即是說：「木板，以其本體，有理由作白色的主體，不是以其本體以外任何附有的事物」：「木，或某塊木，主體是實體，故是白色的主體」。

綜合上文：（賓主關係分四種：一是，本體的賓主關係，即定義內的賓主關係；主辭賓辭都是性體名辭。二是附性賓辭的賓主關係；賓辭是附性名辭，主辭是性體名辭。三是附性主辭的賓主關係；主辭是附性名辭，賓辭是性體名辭。四是賓辭主辭都是附性名辭的賓主關係，將這四種比較起來，只有前兩種是真正的賓主關係；其中的賓辭，是真正的賓辭，後兩種稱不起是真正的賓主關係，一個是喧賓奪主：附性佔了主位，主體佔了賓位，一個是

83左15 有賓無主，兩個名辭都是附性名辭，主體不露名）嚴格地說：只有第二種是真正的賓主關係，主體是實體，作主辭，附性是依附者，作賓辭；就如上面所分析的實例：「白」的本體指附性，形容主體，作賓辭，「木」的本性，指實體，作主辭（各依本體，而得其相稱的位置和職分，這樣的關係是正常的賓主關係。本體定義內，性體名辭間的賓主關係，保持類級系統上固定的次序：種名較狹，作主辭；類名和種別特徵較廣，作賓辭：這樣，也就是正常的賓主關係。簡約說來，賓主關係分兩種，一正常，一不正常。賓辭，隨之也分兩種：一是正常賓辭，一是不正常賓辭。凡是正常的賓主關係，都是以本體為直接基礎，只少了主辭或賓辭一方，需是以本體為直接基礎，為此，**廣義說來**：凡是正常的賓稱關係都是本體的賓稱關係；其賓辭的賓稱作用，也就叫作本體的賓稱作用：附性名辭，以其本體的賓稱作用形容主體，作主體的賓辭。性體名辭，更是以其本體的賓稱作用，作其主體的賓辭。在這樣正常的賓主關係裡，依其本體固有的賓稱作用，兩名辭間，作賓辭者，常作賓辭，作主辭者常作主辭，絕對如此，本體如此，時時處處，常是如此；不是偶然如此，也不是在任何某種條件的限制下才如此；就是為了這個固定不移的賓主關係），正常的賓辭所構成的論句，是明證論法構造內所惟一必備的要素。明證法，因此才發揮出明證的效用（欲有明證論法，必須有正常的賓辭，構成賓主關係正常的論句，和論式）。

在正常的賓主關係裡，賓辭之所指能屬於各範疇，在一個主辭和一個賓辭構成的簡單論句裡，賓辭之所指只屬於一個範疇，或屬於實體，或屬於性質，或屬於數量，或屬於關係，或屬於施動，或屬於受動，或屬於空間（處所），或屬於時間（何時）。（屬於實體者，叫作實體賓辭，或實體名辭；屬於性質者，叫作性質名辭，餘者類推，例如「木是白的」，木屬於實體之範疇，白屬於性質的範疇。範疇有十，也叫作最高類或總類，參閱《範疇集》）。

實體名辭，分兩種，一指真實性體的全部，一指真實性體的一部。（前者是定義，例如：人是理性動物；後者是類名或種別名；例如：「人是動物」，或「人是有理性的」。實體名辭，都屬於性體的定義，故此也叫作性體名辭，或定義名辭，或本體名辭。它們表示某物的本性，本體，或指其全體，或指其一部份）。

實體名辭以外，都是附性名辭。此類名辭，作賓辭時，對於主辭，不表示實體的真實性體；不指其全體，也不指其任何部分。（實有界的物類，非實體，即附性。名辭的分類，也是這樣兩分天下：非實體名辭，便是附性名辭）。例如說：「人是白的」，「白」是附性名辭；不表示人的本體。人的本性本體，不是「白色」，不是白色的全體，也不是白色的一部分，而是動
83左30 物：動物之界，有某動物是人，此動物之類的某種，種界的範圍和「人」字所指的種界範圍，兩者完全相等（是一個範圍；同時，「某動物」所指的主體，和「人」所指的主體，在本體上，也是完全相同，同是一個主體）。

反之，附性賓辭所指的主體，和其主辭所指的本體不完全相同。附性賓

辭，形容自己本體以外的某主體。「某物是白的」，是說白色附著於某物。（此某物的本體和白色的本體不同；但是附有白色，故此說「它是白的」。苟先無某本體非白之物作主體，則萬不能有「某物是白物」之可言。）附性賓辭和本體賓辭，在賓稱作用或指義上，彼此所有的分別便是在這裡）。（性體和附性的普遍名辭，各類各種，都表示事物的精純性理。精純的性理，無形體、無方所，超越物質。因此，有人說，精純的性理，自己離開形體，有獨立的生存，各自是一實體。普遍的性體名辭，表示這些「純理」的實體；故此，不能表示形體以內的性體或本體。這是一個疑難，不難解
35 答），「純理實體」之有無，和明證法的邏輯學，沒有任何關係（假設「純理」真有自立的實體，它們不過是有形物體的神妙藍本，形體以內本有的性理，乃是模仿這些「純理實體」的寫真：故有形的實體自有其內在的性體，不為「純理實體」之有無而受增損），本處明證法的邏輯學所討論的性體名辭，人物鳥獸等等，乃表示有形實體自有的內在本體，與脫物獨存的「純理

實體」，及其有無，關係兩可。明證法，推證的目的，是證知事物的本體，知此之知，方謂真知。「純理實體」，縱令脫物而實有，與明證法的目的，能有益，不能有損，苟非實有，亦無妨害；愛之者，如有實得，樂之可也；如無實得，慎勿無神見鬼，枉弄精魂）！（本段原文甚短，意思甚難確定，古今譯者，解者，意見頗不一致，各從所好，擇善而師之，可也。）

35 進一層討論如下：（上文方說，性體名辭，或具體，或抽象，互為正常的賓主時，兩方所指，具體物類的範圍相同，抽象性體的本體相同，因此，無論抽象或具體，賓主常可換位，正說反說，意思不變，原句正說，意思真實，新句反說，意思仍是真實，性體名辭如此；）附性名辭，不全如此，至少用抽象名辭和句法構成的論句，賓主無法換位，原句如說：「甲是乙的附性，乙是甲的主體」，新句反過來說：「乙是甲的附性，甲是乙的主體」，則前後意思不能同是真實的；其中的一句必與客觀本位的實情，乖謬不合。（原句正說真時，新句反說時則失真，附性不能作主體的主體；也不能作附性的主體；不能說甲附性，是乙附性的附性，即便強辭說去，也不能賓主換位；即是不得原句翻轉，正說反說。）

（實體名辭，作賓辭時，或是類名，或是種別名——即種別特徵的名辭——兩個名辭屬於主辭性體的定義，或合用，或分用，都是形容主辭的本體，客觀的賓主關係固定不移，故此，原句不加不減，全盤翻轉，賓主換位，則與真理不合，種名作主辭，類名作賓辭，原名換位，則視種名類名，同而不分，但類界廣大，種界狹小，以大涵小，猶如整體包含部分，現欲混種與類為一體，則無異於視整體與其部分相同，全與公理不合。）

83右 實體賓辭，類分高低；高者廣大，低者狹小，系統品級，關係固定；上升下降，一則不能顛倒秩序；二則不能沒有止點；例如說：「人有二足」；人屬於二足之類；又說：「有二足者是動物」，屬於動物之類；動物又屬於較高某類；如此，由低狹升至高廣，一級比一級高大寬廣，另一方面，例如說：「人是動物」，動物是人性體定義的一部分，「賈立亞是人」，人是賈立亞性體的一部分，還可再進一步，說「某物是賈立亞」，賈立亞是該某物性體的一部分。如此，一部分比一部分狹小低降，由高廣逐級降至低狹；兩方上升下降所經歷的品級，不能多至無限。假設多至無限，則依理而論，非人類智能之得盡數。每級種名果如類名賓辭，逐級增多以至無限，則無法有定義。（定義即是界說，用類名及種別名，劃清種名的界限。如果類名多至無限，則無界限之可指劃，實際上，實體名辭指示實際獨立的物體，凡是種名都有類名和種別名，都有定義。）從此可知，物類品級的系統，上升下降，都有止點，品級固定，不可顛倒，上大下小，倫次不可紊亂；因此，論句之內賓主不可換位（換位則失正常，有時並失真理）㈠。實體名辭，在正常論句內，有正常的賓主關係；（即是有本體的賓主關係；本體上，應作主辭者作主辭，應作賓辭者作賓辭），各依本位，各得其位。

實體名辭以外，都是附性名辭。凡是附性名辭，都是附屬於實體，作實體的賓辭。附性彼此不能互為賓辭，構成論句，也不能賓主，互相換位，任何名辭，和附性名辭，都不能互為賓辭，品性範疇的名辭是如此。其餘附性各範疇的名辭，也都是如此，一無例外。每一附性範疇，也是分類分種，高下品級，秩序固定；上升下降，也不是沒有止點。證明如下：

㈠凡是附性賓辭，或指某品質，或指某數量，或指其他範疇之某附性，或指實體所有的某些事物。實體的種類，依其品級的系統，是有限的，附性範疇的數目，也是有限的，或品質，或數量，或關係，或施動，或受動，或時間，或空間。

㈡依照前者已經證明了的定理：正常的論句內，只有一個賓辭形容一個主辭。凡是不指實體的名辭（都是附性名辭），不能互為賓辭；它們或依本體，或依另某方式，都是依附實體的附屬品，凡是附屬品，都可在論句內，作賓辭，形容其主體。凡任何事物果是一附屬品，便不是主體。凡是名辭，作賓辭時之所指，與主辭之所指，本體無異者，便無一能是附性賓辭。都是本體賓辭。（反之亦然，凡是名辭，作賓辭時之所指，與其主辭之所指，本體不同者，無一能是本體賓辭：都是附性賓辭，）凡是附性，都是依附他物；凡是附性名辭作賓辭，形容另一附性名辭時，用它作主辭，它的目的是形容那個附性的主體，不是形容那個附性自身，這時本書業已證實的定理，絕對普遍，一無例外。

83右25
一個賓辭形容一個主辭，以正常的賓稱作用，構成簡單的論句，依照賓類系統，上升下降，都不能沒有止境，向下降的方面看，附性賓辭，無論怎樣眾多，每一個只是形容實體或實體之所包含，實體的種類及其包含，都是有限的。然後，向上升的方面看，本體賓辭不是無限的，附性賓辭也不是無限的。為此，主辭系統裡，下降必有最低的主辭，在它以上有第一級賓辭，這第一級賓辭是名辭，作主辭，又有更高一級的賓辭。這樣上升的系統，必
30
有止點，即是止於最高賓辭。最低的主辭，再不作任何其他名辭的普遍性賓辭，和任何其他名辭都不發生賓辭關係；既不發生本體正常的賓辭關係，如上級之對下級，也不發生不正常的賓辭關係，如下級之對上級（就是說：最

低主辭以下，再無任何更低一級的主辭，最低主辭，只是主辭再不給任何名辭作賓辭，分析賓辭性質及其系統，即對此點得到了這樣的一個邏輯性的證明）。

還有另一個證明，可以放在這裡：

35

凡有較高數級賓辭的主辭，都可由明證法證知它有某賓辭。為認識可證明的論句，最好的方式莫過於明證。明證的知識非由明證法，無從得來。假設有某結論可由某些前提推證出來，同時吾人對於那些前提還沒有明證，也沒有較明證更優越的知識；然後，即便對它們有些知識，並從它們推出了結論，這個結論的推知尚非明證，真正的明證需要絕對徹底，不以淺知為已足，也不以「假設」為根據（「淺知」是知數級淺近的前提，沒有懂透高深至極的絕對前提和理由，「假設」是「姑且採用某論句作前提」，可能不含任何理性，或尚待另有前提來證明。「淺知」與假設，都不足以給人明證任何結論，「絕對徹底的明證」是實有的），為此，可以斷定，中級前提品級

84左 的數目，不能是無限的：必須有最高深處的止境，否則，高級以上又有高級所知的論句，都是有中辭可以證明的結論；等於天下只有結論，沒有前提；既然高升沒有止境，前提諸級系統高深無限，無法跨越，則所知結論等於沒有證明，也無法證明。方才說：為認識結論最好的方式，莫優於明證，現在假設所有論句都是結論，都無法徹底證明，則吾人理性的知識，只能是淺知和假設，不能有絕對徹底的真知了！（這是不可能的，故中級前提品級的數目，無論多大，不能是無限的。）

統觀上述諸項邏輯性的證明，即可相信所欲證明的主張：即是前提品級，不能多至無限。

現在更進一步，用分析法來證明本書主旨是用明證法的分析，證實上述的結論，這個結論是：「凡是用明證法為求知方法的科學，都是用品級不同的賓辭構成系統：這個系統上升下降，都不能沒有止境」。用分析法來證明這個結論，比用任何其他方法，更是銳敏而了當。

(明證法的分析用分析法，分析明證法的本體)。明證法的本體無他，惟是用本體賓辭的論句作前提，推證有本體賓辭的結論。(本體賓辭論句構成的三段論法，就是明證論法的本體)。

本體賓辭(形容主辭所指的物之本體，及其性體定義所包含的一切要素)分兩種，第一種，指點主辭本體定義的內在成分(即是類名、種別名，或種別特徵名等等)，第二種本體賓辭，是一些「特性形容辭」形容某物本體必有的特性，這樣的特性，在本體定義內，必須兼指其本性固有的主體(它們不是主體定義內的內在要素，但主體是這些特性的定義內必不可少的
84左15 要素)，例如：凡是數目，依其本體必有奇偶的特性。奇偶的特性不是數目本體定義的內在要素，但奇偶特性，自身本體的定義必須兼指數目。數目的概念是奇偶兩特性定義中缺之不可的要素(「奇數是不可平分的數」。奇偶兩字，因此，叫作數目的本體賓辭的第二種)。第一種：例如：「數是多而可分的」、「眾多」之理，或「可分」之理，是「數」字本體定義必不可少

的內在成分。(「多」是類名，「可分」是種別名，多而可分便有數可數，多而不可分，則只是塊然一個，無數可數，不可謂之數。)

以上兩種本體賓辭，無一種能多至無限。先說第二種(其定義內兼含主體的特性賓辭，簡稱：**含主賓辭**)，逐級升高或下降，都不能沒有止境：因為假設某主辭的第一級賓辭是**含主賓辭**，第三四以至無限級的賓辭，都是**含主賓辭**，品級數目既是無限，則主辭數目無限；則也必須有某賓辭，其定義包含無限多的主辭，並以無限多的主辭，為其必不可少的要素。(但，事實上定義即是界說，必須有限，不能兼含無限多的要素)故此，含主賓辭，上升的等級，在數目上不能是無限的。反之，必須有限。各級含主賓辭都以主體名為主辭，同時主辭兼含在它們每個的定義內。在這樣的賓主關係(除最高賓辭外)，各下級賓主兩方的意義，在內容上彼此相等，沒有一方超過另一方(故此：在論句內，可以彼此換位：形成反覆循環的賓主關係)。

第一種本體賓辭，是定義賓辭。它們是定義的內在成分。這些成分的數目如果是無限，則定義為不可能。但定義實有，故不是不可能。故其成分的數目，不能是無限。凡是本體賓辭屬於主辭定義者，都是這樣的定義賓辭。從此可見，它們的數目不能是無限的，諸級賓辭，上升時，必有止境；下降時，也因此不能沒有止境。

一切既如上述，則任何賓主兩辭之間，中辭數目永遠不會是無限的（參看章廿）。可見，凡是明證法都有最高原理作前提。「凡是論句都可證明」的意見是錯誤的。有些人抱持著這樣錯誤的主張，本書卷首曾經提及。他們的錯誤相當明顯：因為，既有的最高原理，無更高前提來作證明；故此必得堅持以下這兩個結論：第一、不是每個論句都可證明（最高的原理，不證自明，不可證明，也不需要證明）。第二：明證性的推理，不能推至無窮，必有最後根底和止境。

以上這兩個結論，歸結到一齊，只有一個意義，即是說：主張每個論句都可證明，或主張明證性的推理可以推至無窮，則等於主張任何論句的賓主，彼此間的距離都不密切無間，但有中辭可離異。這個主張是不可能的：因為「明證」的本質，是在兩名辭當中，從它們本性定義內部，指點出居間的中辭；不是在本體外面，援引多少議論。言論不中本體，無法證實結論。

84右 明證法的前提，如是等級無限，則每一論句賓主間的中辭，也必數目無限，這是不可能的：因為賓辭的等級，上升下降，都有止境。為證明它們實有止境，章首既有邏輯的證明，現今在章末，又舉出了分析的證明(二)。（章終）

附註

註一：「凡是人，個個是動物」，論句正常，自然。「某些動物，是人」，論句不正常，不自然，但無失於真理，遵守了由第一句賓主換位的規則。「凡是動物，個個都是人」，論句既失正常，又失真理，違犯了賓主換位的規則。參閱《前編》，註六。

註二：亞里筆下，「邏輯的證明」，指今日「辯證的證明」，是反駁對方不可能的反證法；「分析的證明」，指今日「邏輯的證明」，是由事物本體定義，直證某某必然結論的明證法；不在證人之非，而在證己之是，根據已身本體固有的理由。

第二十三章　糸證法的中辭數目

84右5 前章結論既然都已證明，即可明見，假設有某同一名辭作兩個主辭的賓
辭，例如甲作乙丙的賓辭，同時兩主辭彼此不生賓主關係，或完全不生關
係，如全稱否定，或不生完全的關係，如特稱否定；有此情況發生時，賓辭
和主辭間，如能有等級不同的許多中辭，這些中辭的數目，不能增至無限，
必有止境；既達止境，賓辭與主辭乃構成無中辭的論句；例如「內三角之和
等於兩直角」是「等邊三角」和「不等邊三角」共有的賓辭：理由是兩者都
10 是三角。三角在這裡作它們共有的中辭。假設這樣的中辭有許多等級，即是
賓辭關係上的等級，這些等級，不能多至無窮；用符號作圖說明此點：丙丁

兩個主辭共有一個賓辭甲，並且是因為共有中辭乙，顯然的，有時能有等級不同的許多中辭午己庚等等：即是乙下有午，午下有己，己下又有庚，庚下又有其他。如此，逐級加填不已，則甲是一端，丙丁是一端，兩端之間能有無限多的中辭，但前者已經證明了這是不可能的㈠。為此必有最後中辭，作丙丁共同的賓辭；例如辛，而辛下再無中辭。無中辭的論句中，賓主兩辭，密切合一，毫無間隔。惟應注意：在此情況中，所有各級賓辭和主辭在所指本體上，必須同屬一類。明證法不得凌越類界，而且結論的賓辭主辭，在諸級議論層次中，常需保持原義，勿稍訛動。（不可用同名異指的賓辭或主辭。）

從此可見：甲在乙，如有中辭，則甲之在乙，可以證明：原因相同，中
84右 辭有多少，原因也就有多少。最高原因是無中辭的論句；或所有論句都是原因；或只是某些全稱論句。任何論句，如無中辭，則無證明。如此逐步推究，乃是上達而止於最高原理之路。肯定論句如此，否定論句亦然：有中辭

者可證；無中辭者不可證：不證自明：最高原理，無證可證；例如甲不在乙，因為甲不在丙，中辭有多少，原因也就有多少。原因就是無中辭的原理，每一明證論法，有一中辭必有一原理作前提。有多少中辭也便有多少原理。（最高原理是無中辭的前提。）肯定的結論有原理。否定的結論也有原理。故結論不論肯定或否定，都有原理作前提。

「甲在乙」需要證明時，先應採用乙的第一級賓辭作第一級中辭；例如丙。然後，依同樣的辦法，採取丙的第一級賓辭丁，作第二級中辭。如此，逐步作去，任何中辭或前提永不得落於甲辭（類界）以外。但中辭範圍逐步縮小，賓主距離逐步縮短；直至最後賓主合一，無隙可分而後止。賓主合一的論句，在自己的構造中，成分單純，沒有中辭的間隔。各類事物中，基本單位常是單純的。物類不同，單位也不同：各類有各類固有的基本單位：例如斤之有兩，有毫；尺之有寸，有分；音樂之有音階都是。由大而小，分至最小單位而後止。依同理，三段論法也有最小單位；以為其廣大議程的原始。此最小的基本單位，即是無中辭的前提。明證法和科學性的知識，或論證的程序，也有最單純的基本單位，作全個程序的原始；此即「認識無中辭論句」：曉悟其意義，懂明其原理的真實（此懂明或曉悟原理的能力，叫作**靈智**或**神智**，即是**智力**。推理證明是**理智**的動作，由淺及深，輾轉反覆，不論如何廣大龐雜：常以**神智**曉悟原理為基本的單位和原始）。

方才說：明證法肯定論句內，任何名辭的範圍，不得落於大辭範圍以外（主辭如此，中辭亦然。大辭範圍最大，類界最廣。中辭次之。小辭最小。諸級中辭，逐級縮小，無一可大於大辭）。

85左5 肯定論式如此。否定論式稍有分別；例如，丙作中辭，證明甲不在乙（大前提甲不在任何丙，小前提丙在每乙），如果需要進步，證明甲不在丙，則必須在甲丙之間另填一中辭，逐步加填，至於最後中辭為止。徧察其中所有肯定論句，構成賓辭系統，最高者戊，範圍最廣，其餘中辭，無一個能超過他去。㈡

10 但如應證明「丁不在戊」，用大前提「丙在每丁」；小前提「丙不在任何戊」，或「不在每戊」；其餘各級中辭，無一落在戊的外面。戊是否定結論的主辭。㈢

在第三論法，各級中辭既不得落在否定結論主辭外面，又不得落在其賓辭外面。㈣

附註

註一：

註二：

既然無丙是甲，
而且每乙是丙，
故此無乙是甲；

但因無丁是甲，
然則每丙是丁，
故此無丙是甲；

又因無戊是甲，
並且每丁是戊，
所以無丁是甲。

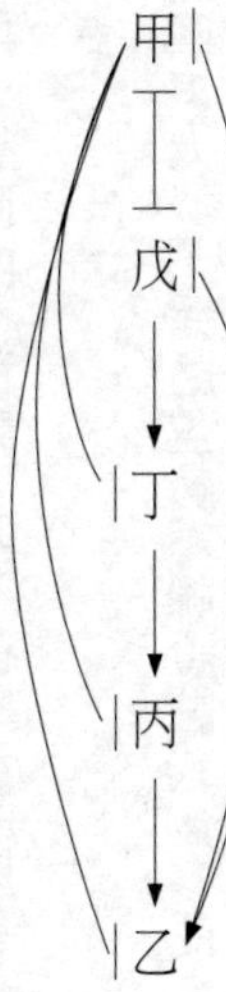

每乙是丙，無戊是甲，是兩個無中辭的前提。

丙在每乙，甲不在任何戊。

「—」：代表「不在」

「↓」：代表「在」

「⌒」：結論「不在」

「↘」：結論「在」

讀法仿照下面註三。

註三：

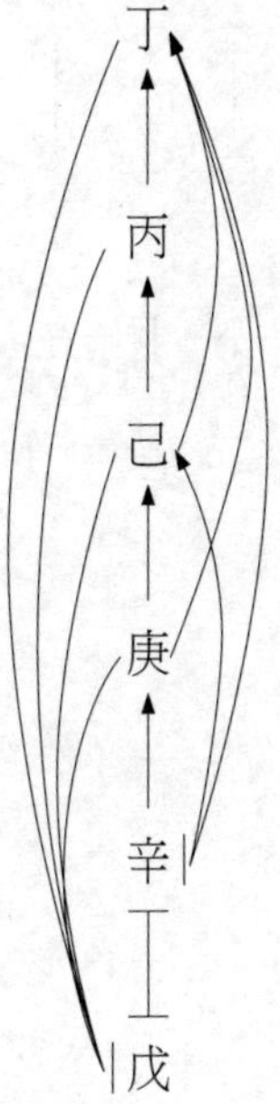

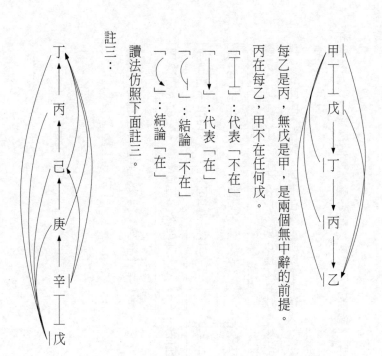

「↑」：「在」

「↷」：結論「在」

「⊥」：「不在」

「↓」：結論「不在」

地法「盈虧虧」論式。參閱《前編》註三二。

既然丙在每丁，	但因己在每丙，	……	惟因辛在每庚，
而且丙不在戊，	又因己不在戊，	……	並且辛不在戊，
所以丁不在戊；	故此丙不在戊；	……	所以庚不在戊。

讀法：從下而上：辛不在戊，所以庚不在戊。庚不在戊，所以己不在戊。己不在戊，故此丙不在戊。丙不在戊，所以丁不在戊。然後從上而下，逐欄閱讀：「既然……」。

註四：人法，元虧盈虧，聯證論式。參閱《前編》註五九。

甲既不在丙，
乙卻在每丙，
甲故不在乙；

由於甲不在丁，
丙卻在於每丁，
故知甲不在丙；

原來甲不在戊，
丁卻在於每戊，
所以甲不在丁。

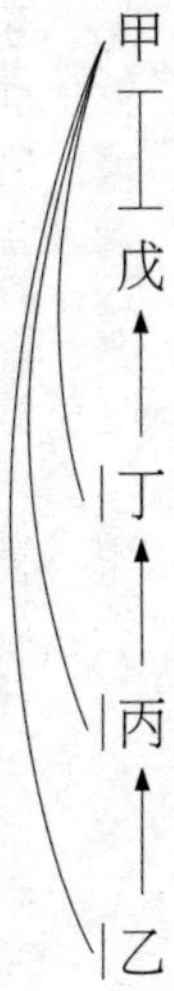

「—」：無中辭的前提「不在」。

「↑」：小前提「在」。

「⌒」：「不在」。

其他論式，仿此。

讀法、仿照前註。

第二十四章　論式全稱與特稱

明證法的論式，分全稱與特稱；又分肯定與否定。本體既有分別，價值必有優劣。明證法與反證法也應如是比較，以品訂各者的價值。為此，本章首先研究全稱論式與特稱論式。這兩個的優劣問題清理以後，進一步討論明證的直證論式與反證論式。

有些人研究這些問題，從以下這些理由出發：認為特稱論式優於全稱論式；理由如下：㈠明證法的效力、目的，及優點全在乎它證明結論時，給人證得明確切體。同是明確的結論，一切體，一不切體；自然是切體者優良，不切體者低劣。普遍說來：同是明確的知識，切體優於不切體；例如：欲證高立可喜歡音樂；特稱論式證明「某人名高立可，喜歡音樂」；全稱論式卻證明說：「人人，既有靈性，都喜歡音樂」，又例如欲證「等邊三角的內三角等於兩直角」，特稱論式，有特稱結論，證明「某三角是等邊三角，因其內三角等於兩直角。全稱論式，在結論裡卻只說凡是三角，個個的內三角等於兩直角」。尚有其他實例都是如此。在兩下裡比較：明明似是特稱結論切體，全稱結論不切體。方才說了：切體者優良，不切體者低劣，因此，有些人認為，明證法的特稱論式優良，全稱論式低劣。

㈡普遍的名理，表示事物某類或某種公有的性體，簡稱公性。但事物的公性離開個體，不飄然獨存。明證法，本體自有的目的，用全稱論式專為給人證明事物的公性是什麼？一味的給人灌輸「個體以外又有公性」的信念。例如它常常說：各個三角，除個體以外，有三角的公性；各個形象，除個體以外，有形象的公性；各個數目，除個體以外，有數目的公性。（但公性離開個體，既不存在，則本身乃是虛無；公性，既非個體，則以知公性為知個體，乃是錯誤。）明證法的全稱論式，正是只能引人陷入於虛無與錯誤：因為它只證明公性，（不但證明類公性，種公性；並且）企圖證明超類的大公性。例如它證明「線」、「數」、「立體」、「平面」等等個體，共有某大公性（此大公性即是「量數的大公性」），並且說這「數量的大公性」，和「線」、「數」、「立體」等等的個體不相同：它不是線，又不是數，又不是立體，又
85右 不是平面，但凡是線或數，或立體或平面，都有「數量的大公性」，就是在某些比例的限度下，它們各自分得一些數量之理，因而都可泛泛的通稱說是「數量」。（超類超種的大公名，有通稱異種異類的通指作用：混異類異種於大公性之同一，顯然是虛無，又是錯刷）全稱論式的知識，證明公性所證是虛無與錯誤；特稱論式的知識，證明個體所證是實有與真實。（人人共知的，同是明確的兩個知識，虛無而錯誤者，惡劣；實有而無錯者，優良。由此觀之，全稱論式劣於特稱論式，似乎有理相當明顯，因此，）有些人就認為特稱論式優於全稱論式。實際上，那些人的意見和理由都是似是而非的：

關於第一個理由，需知，全稱論式的結論如果不切體，特稱論式的結論也是同樣不切體（明證法的目的固然是推知結論，但其妙用在知理由與前提，從前提方面著眼便看到，不論全稱特稱，凡是明證性的論式，都是以全稱論句指明公性的本體作前提）。例如欲證某些三角是內三角等於兩直角，前提的理由，不是因為那些三角是等邊三角，而是因為那些三角有三角的公性：因為大前提「凡是三角，不論那一種，都是內三角等於兩直角」，假設有人不知這個全稱的前提（只知特稱的小前提：「等邊三角，是三角」，和結論：「等邊三角的內三角等於兩直角」；則這樣的人，實際上，不知等邊三角為什麼理由是內三角等於兩直角的真實理由）。將這樣的人和知全稱論句的人相比較，便可知後者的知識知結論，又知結論的所以然，他的知識圓滿，勝於前者。前者只知特稱的結論，並未知其所以然的真實理由：真實理由，即是以公性本體為基礎的理由。普遍的說：假設（某人證明某三角是內三角等於兩直角，而）前提用的理由不是三角形公有的本體，他的證明就不

能是明證法的證明。反之，假設某人用三角形公有的本體作理由（證明某三
10 角的內三角等於兩直角，他的證明便是明證法的證明。他的知識勝於只知特
稱結論和前提的人。另一方面，既然「三角」是全類的公名（作各種三角的
賓辭，恆性不變，名理常真），又不是同名異指的賓辭；同時，內三角等於
兩直角的本性，實有於全類每個三角（即是說：「全類每個三角都是如此」
有這樣的本性）。從此可見：等邊三角有這同樣的本性，因為它是三角，有
三角公性的本體；不可說：「三角有這樣的本性，因為它是等邊」。

明證法的目的是給人說明結論本體必有的理由，並給人證出圓滿的知
85右15 識。既然全稱論式能此，而特稱論式不能；故此，全稱論式優於特稱論式。

關於第二個理由（需知「實有」二字的意義有兩種：一是名理的常真，
一是實體的生存），就實體的生存而言，特稱論句所形容的個體有實體的生
存；全稱論句所指示的公性，沒有實體自立的生存。但就「名理的真常」而
論，全稱論句所表示的公性公理，是永遠常真的，不因個體的生死存亡而有

所變更或增損（以真理的永存不朽，和個體生存的乍生乍滅相較，真理的「實有」遠勝於個體的實有。明證法的本體是用名理常真的全稱論句，指出事物恆性不變的本體作前提；證出必然常真的結論。就此目的而論），全稱論句及所用名理，同名同指，從前提以至結論（意義明確一貫），不雙關二意，或同名異指。如此，**它們意義真實，絕非虛無，遠勝於特稱論句及個體名辭之所指**。凡是個體事物，既然有死有滅，特稱論句則不永遠常真，所指個體滅亡後，其論句隨著失掉真理。但（說全稱論句及公性公理，本體純一，永遠常真）不是說**它們離開個體又有實體化的自立生存**。**這是完全不需要的**。實體如此，其他各範疇，例如品質、關係、動作的施受等等，也都是如此。名理常真的實有和個體生存的實有，意思全不相同。（「虛無」二字和「實有」相對也分兩種，不可混而為一。上述的那些人，必欲將兩種「實有」混為一談，只就「實體生存」的觀點較量論句的虛實和長短。）他們意見的錯誤，全在乎耳聽「實有」，字同音同，以致犯了意義上的混淆。罪在聽者不聽明，不在明證法、全稱論式、實而非虛。

消極方面，上文解破了那某些人意見的錯誤；積極方面，尚有幾個理由列在下面：

明證論法是指明理由和原因的論法。全稱論式比特稱論式更能指明原因。本體賓辭依其本體，形容其主辭。主辭所指的本體是自己本體賓辭的原因。全稱論句的主辭和賓辭有這樣第一級的賓主關係，因此全稱論句乃是前提，即是結論的原因（特稱論句不能如此）。因此，全稱論式優於特稱論式。

推證結論，指明原因，破疑解惑，以求知識之穩健徹底。最穩健而徹底的知識在乎知最後原因。最後原因，即是最高原因。關於某物的產生或生存，既知最後原因，則不再問更高的原因。追求原因以此為目的和止境。例如問某人說：為什麼原因來這裡？為支錢。為什麼要支錢？為還賬？為什麼要還賬？為不違犯公義。如此追問，既知最後原因，再無其他原因和目的可問，知此之時，吾人則說這是某人某事，或來到，或實有，或產生的最後理

由和目的。我們的知識便達了最高的程度。以上所說，是以目的為原因。關
於其他各種原因和理由，也都是如此追問，不至最後不止。既知最後原因，
知識的圓滿就達到了無可復加的地步。例如某圖形，外角之和等於四直角。
86左 為什麼？因為它是等邊角，再問：為什麼它是等邊角？因為它是三角，如
此，如此。又問，為什麼它是三角？因為它是直線圖形，如此，如此，這裡
追問的理由，是幾何學的理由，是性理，不是目的，和目的不是同類。假
設，這是最後的理由，在它以上，沒有別的理由可再追究，我們的知識便達
了圓滿至極的程度。指明最後理由的論式常是全稱論式（不是特稱論式。最
後的理由是最普遍的理由。言論指明最普遍的理由，必須是普遍的論句，此
即全稱論句）。故此說，全稱論式優於特稱論式。

特稱論句，稱指某類的一部分，類界廣大，部分增加，趨於多至無限；
全稱論句，表示全類公性，性體純一，界限固定。特稱論句既能多至無限，
86左5 則不可盡知。知之未盡，不知所止，終非真知。內容劃一，有盡有止，界說

明確，則知之詳明：始乃真知。可見：全稱論句，可知，可證。特稱論句，適得其反；由於眾多無限，乃非人能盡知。明證法證其可證，不證其不可證，可證的程度越高，明證性的程度也越高（兩者彼此相關，升降相隨，互成正比例）。全稱論句明證性程度較高，更適合明證論法的本體構造和目的；為此，全稱論式的價值高於特稱論式。

全稱論句涵蓋特稱論句，在真理的知識和推證上，有這樣必然的關係：知全稱論句真實，則同時必須兼知其特稱論句也是真實的；故知全稱論句者，必兼知特稱論句（知其一，則兼知其二）。但特稱論句範圍狹小，不能涵蓋全稱論句。知識之內容包涵高廣者更為可貴。故全稱論式優於特稱論式。

明證法的明確，和中辭理由的高明，互成正比例。最高的中辭以上，只勝無中辭的論句，無中辭的論句是最高原理。設有兩論式：一者證自原理，一者不證自原理；或一者近於原理，一者遠於原理：近於原理者明確，遠者不及也。愈遠愈不及。全稱論式更近於原理，特稱論式不及也；愈特稱愈不及。故全稱優於特稱。例如：欲證「凡是丁都是甲」，有兩個中辭，一乙，一丙，乙高丙低，則用乙為中辭的論式，更是全稱，更是高明。

上述諸項理由中有些是邏輯的理由：取自邏輯學的公理。今如縮小範圍，專就明證法的本體去分析研究，最大的理由統歸於一點：論句，隨中辭的品級有先後高下的分別。高者先者，包含後者下者。知高者，既是現實，知低者，則勢在必能。低級知識常包含在高級知識的潛能中。例如，既知三角的全類公性是內三角等於兩直角，則「等邊角也是內三角如此如此」，業已包括在內，並是涵蓋在可知的潛能中。雖然現實還沒有認識它，反之則不可。知特稱者，無法知全稱。特稱的知識，不兼知全稱。既不兼知於現實，又不涵蓋於潛能（從特稱的真實，不能推出全稱的真實來。故此說：特稱的知識，在潛能裡不涵蓋全稱的知識）。就現實與潛能的內容去比較，則明明是全稱論句優於特稱論句。加之，全稱的真理，非理智不能領悟；特稱的事實，覺性知識能盡知無遺。理智優於覺性。故全稱優於特稱。

第二十五章　論式肯定與否定

全稱優於特稱，理由數種，上文業已徧舉。本章證明肯定優於否定，理由如下：

一、論證有繁簡之別。兩個論式為證明同一結論，其餘諸要素或條件彼
35 此相同，只是一繁一簡，當然是簡明捷當者優越，繁難迂遠者拙劣。繁難者，前提所需的要求，假設和原理等等數目眾多。簡明者，前提數目稀少，議程直捷迅速。人如加以選擇，自然是去繁就簡。普遍說來：中辭品級不
86右 同，高級者更顯明易知。假設用三級中辭乙丙丁證明甲在午，構成一系論式；又用己庚兩級中辭，證明甲在午，構成另一系論式，同時假設，「甲在

丁」和「甲在戊」，都是經兩個中辭即可證得的結論，但「甲在丁」（在第一系論式中）高於「甲在戊」，比「甲在午」更顯明易知：因為「甲在戊」是由「甲在丁」證來的結論。「甲在丁」是那個結論的理由，在明確易知的程度上比較，理由勝於結論。「甲在丁」的理由及前提的數目，小於「甲在戊」，為此說：前提數目微小者，簡易；眾多者，繁難。肯定論式比較否定論式簡易。故此說，肯定論式優於否定論式。

二、肯定論式和否定論式，都是用三個名辭構成三個論句。肯定論式肯定某物如何。否定論式，除肯定某物如何以外，還必須否定某物如何，思想的曲折比較繁複。追本溯源，推求各級中辭時（肯定論式，系統簡單，所需大小前提，一系相承，思路一貫，大小前提同時並被證實，程序上，不需周轉迴思。否定論式，系統較長，思路周轉多回，先構成中辭系統，證實各級前提，先證否定，後證肯定。在思想上，不得相兼。然後，還需多加中辭，證實最後的否定前提，始能滿足徹底的需要。明顯否定論式所需前提數目多於肯定論式）：否定者如此繁難，肯定者如此簡易，孰優孰劣，可不待言喻矣。

三、肯定論式，無否定論句之參加，才可成立。否定論式，無否定論句之參加，則不能成立。兩前提都是否定，則論式無效。一個前提是否定，另一個前提必須是肯定。再加一層，需理會下麵這番情形：

為佐證肯定論式的前提，找出高級中辭，構成的高級前提，必須數目加倍增多，並且都是肯定；為佐證否定論式的兩前提，新添的肯定前提，數目增多數倍，但否定前提，每個論式只可增加一個；比較起來：肯定前提增多時，否定前提不增多：可見為證實否定論式，肯定前提更是需要的。例如：假設否定論式的大前提是「甲不在任何乙」，小前提是「乙在每丙」，今欲增填中辭，佐證大小前提，用丁作中辭，證明「甲不在乙」，用戊作中辭，證明「乙在每丙」。顯然戊辭的論式，兩前提都是肯定。丁辭的論式內，卻是一肯定：「丁在每乙」，一否定：「甲不在任何丁」，如此，論式增加，前提隨著增加，肯定前提增加了三個，否定前提只增加了一個，即甲「不在任何丁」。肯定論式的兩個前提，都需是肯定。否定論式的前提，只有一個可是否定，其餘應是肯定：中辭和前提的理由更易知、易信；結論次之。否定論式必須證自肯定論式。肯定論式卻不得證自否定論式。易知、易信者，真理高明。肯定論式正是如此，故優於否定論式。

論式的最高原理和前提，是無中辭的全稱論句。它作大前提時，在肯定論式內是全稱肯定論句，在否定論式內則是全稱否定論句。論句與論句相較：肯定者優於否定者。肯定者更易知、更能增加人的知識。否定之理，不藉肯定之理，則無從為人理智所懂曉。論式之肯定優於否定，先於否定；猶如實體之實有，優於虛無，先於虛無。為此，兩最高前提相較，肯定者優於否定者。兩論式相較，用肯定前提者優於用否定前提者。簡言之，肯定優於否定。實體如是，名理如是，論句如是，前提如是，論式也是無不如是。

肯定者，更富有最高原理的明證力。否定的證明，無肯定的前提，則證不出結論：足見肯定優於否定。（章終）

第二十六章　明證與反證

87左　明證法的肯定論式優於否定，既如上述，則可明見它也優於反證法諸論式。首先需知兩者的分別：設令甲不在任何乙，而乙在每丙，則甲必不在任何丙，此乃明證論法的一個否定論式：證明甲不在任何丙。為證此同一結論，反證法的論式如下：假設甲不在任何丙，已經是證實了定理，或人人公認的真理，問題是怎樣證明（大前提）甲不在乙，其反證程序如下：第一步大前提假設甲在每乙，第二步小前提假設乙在每丙，如前，則第三步結論必是：甲在每丙。但此乃不可能，因為和前面（結論）公認的真理相衝突。大相衝突的論句，一真則一必假。所以甲在每丙，乃是錯誤。錯誤的原因，必在前提，不在小前提，因為小前提是原有的真理；所以，必在大前提。大前提是甲在每乙。故甲在每乙為不可能。此即欲證的結論：甲不能在乙，將兩者互相比較：名辭排列的形式相同，分別之處，惟在兩否定前提中，那一個更顯明易知而作大前提：是「甲不在任何乙」，或是「甲不在任何丙」。假設是「甲不在任何丙」，即是說否定的結論更是顯明易知，而疑在「甲不在乙」，則決疑之法，用反證論式。反之，假設大前提「甲不在任何乙」，顯明易者，沒有可疑，由它證出結論，則是明證論法。但在客觀的本體上，「甲不在任何乙」，在顯明易知及真實的程度上，勝於「甲不在任何丙」，
87左20 因為，前提勝於結論。「甲不在任何乙」是前提，「甲不在任何丙」是它的結論，反證法所證出的不可能論句，實際上不是結論，反證法所用的前提之假設，也不是前提；因為前提之與結論，或以大含小，或以小含大，猶如（類之與種），全體之與部分，（或高廣之與低狹）。反證法大前提內「甲不在丙」和小前提「乙在每丙」，彼此間沒有這樣以大含小的關係。其結論

「甲不在乙」和前提「乙不在丙」，也沒有這樣的關係，兩否定論式相較：前提明顯易知，易信，易從，範圍高廣者，優良。前提比較難知，難信，範圍低狹者，低劣。明證法的否定論式，前提明顯易知，易從，範圍高廣；故此，勝於反證論式。這是絕對真確的。另一方面，明證法的肯定論式勝於否定論式，自然就更勝於反證論式了。（章終）

第二十七章　理論與事實的知識

科學之中，有的兼知事實與原理；有的只知事實，而不論原理。彼此比
較，前優，後劣。有的對某類事物，知其主體；有的知其屬性，而不論其主
35 體。前後相較，也是前優後劣。例如數學優於音樂的音階學。有的所知義理
簡約精微；有的所知形器繁複粗重。前後相較，也是前優後劣。例如數學優
於幾何學。（所謂「繁複粗重者」，乃是在義理精微之外，又有所增加或附
著。）例如數學中「一」字的實理，無形體，無方所，不佔位置（簡約精
微，超越器物形體）。幾何學中，「點」字的本體是「有方位的實體單
位」，即是在一字的義理之上，又增加了方位和實體之理（以使精微的義理

附著於粗重的實體上）。將「一」字所指的義理與「點」字所指的實體相較，前者簡約精微，後者繁複粗重。科學之中，精微者，優於粗重者。（本章，所謂優越就是「精確高深」的意思。）

第二十八章 學術體系

一科學術，研究一類事物，類界劃一，則其學術分門別類，自成一科，
40 並有系統上內在的統一。其主要目的在研究一類事物公性的本體；分析其最
87右 高原理和本位因素，徧察其所屬各支各部，詳識其本體必有的第一級特性賓
辭：類界固定，不得逾越。各類有各類的原理。原理類界不同，不相系屬，
不相演繹推引；則其學術必是各成一科，互不同類。最高原理，不證自明，
每一學科之最高原理，歷各級定理，以至最後結論，本體一貫，同屬一類。
比較最高原理之不相系屬，不互相推證，則知學術百科，互不相同。察明原
理結論，彼此間，類性本體，上下一貫，則知每科學術內在系統的統一：有
固定的範圍、秩序，和連繫。統一，就是同類一體。每科學術內在之統一，
在乎它所研究事物類界之統一。

第二十九章　類譜與明證法

同一結論能有許多證明，所用中辭，或同屬一系，而非第一級最近中辭；或不同屬一系：例如用丙丁己三個中辭證明「甲在乙」。丙丁己共成一系，有同類各級大含小，小承大的系屬關係；又可用不屬同系的中辭來證明它。例如用甲代表變化，丁代表感動，乙代表喜樂，庚代表安樂，丁作乙的賓辭，甲作丁的賓辭，都是真實論句：因為，人如感到喜樂，便是有了感動；感動就是受更動或受變化。另一方面，甲作庚的賓辭，庚作乙的賓辭，也是真實論句：因為喜樂者享安樂，安樂即是一種更動（去掉了困苦），享安樂便是受到了更動。因此，喜樂者受到了變化；這個結論可以從庚丁兩個中辭，證明出來。庚丁彼此，卻不是同類，沒有類級以大含小，以小承大的系屬；同時，彼此也不互相排拒。它們雖然不互作賓辭，但能同時作同一主辭的賓辭。以上所論，適於第一論法。其他論法能用多少不同的中辭證明同一的結論，尚待另行考察。（不難察知，從略。）

第三十章　或然的論式與明證法

偶真論句，非明證法可以證明。偶真論句，表示偶然事件，不必有、不
87右20 常有、不屢有、不屬於常真和屢真論句之類。明證論法只證常真或屢真的結
論。常真即是必真，表示常真必有的道理或事件。論法內，前提如是必真論
句，結論則定是必真論句。必真論句也叫作必然論句。前提如是屢真論句，
則產生屢真的結論。屢真不是必然常真，但是大多次數習慣常真。偶然的事
25 件，既不必然常真，又不習慣常真，忽然、偶然全無常規。既無常規可據以
證其有無，故此說：偶然事件非科學或明證法之所能知。（偶真論句，就是
偶然論句，也叫或然論句，回閱《前編》，註三、註九及註一〇七。）

第三十一章 覺識與知識

理性知識，不可得自覺性。覺性之知，非真知。覺性知識，限於個體事件，只知其狀況如此如此，不知其實體如何如何（只知此某時此某地的某一個例事件）。理性知識，知全類每物共有的性體。性體是大公的、是普遍的，無時間的限止。有其限止，則非普遍。普遍真理是時時常有、處處都有的。所謂普遍就是永遠常真，各處都真：貫徹古往今來，永遠不變；歷經四方上下，到處相同。覺性知識，無力知之。真知識是理性的知識，即是用明證法，證知普遍的真理。覺性知識，不知普遍真理，可見只用覺性無法得到真正的知識。絕對來說，覺性知識，稱不得是知識（禽獸有覺性，不得謂有

知識）。縱令覺性知識知得某某三角內三角之和等於兩直角，吾人理性仍嫌
不足，必進一步尋求證明；因為覺性知識不是人理智所滿足的知識。覺性知
40 個例，不知其他，也不能知其他。理性知公理、知普遍。為此，假設吾人身
在月球，眼見地球遮蔽了太陽，明見月球面上的陰影，只此尚不是知得了月
88左 蝕的意義和原因。因為眼目之所見，只是陰影出現的個例事實，不知此個例
事件所有的普遍意義、本體和原因。待至經驗既久，眼見了同樣事件多次發
生，始見普遍定義、本體與原因，曉悟於理智之中。然後，用此理智之所
得，證知月蝕的普遍定義，必須如何；無論何處何時，常是如何。普遍性的
88左5 知識高貴：因為它曉示原因和本體：即是說：它知這事物之所以然（包括內
在原因和外在原因，內在原因，即是本體及其內在要素）。如此說來，凡是
關於類此的個例事件，它們本身以外既然另有普遍的原因，所以普遍的知識
優越高貴，不但勝於覺性知識，而且勝於（超越覺性，只知固然，不知所以
然的）神智的直見。神智洞察最高原理。最高原理（不證自明，不待證明，

也不可證明），故非理智之推理證明，乃人性神智直見之所妙悟洞察。關於最高原理之知識（及理智與神智之區別），別處另有詳論。（見下面第三三章）

除非有人（指鹿作馬），將理性明證的知識叫作覺性的知識；顯然理性明證之所知，無一是覺性之所能知。有些難題來自覺性知識之缺乏；既經目睹，則疑難冰釋。理智之開朗，非在眼目有所見，而在乎從眼目之所見，領悟普遍的性理。例如，眼見玻璃鏡透明，光線射入，焦點燃燒；多次發生，每次必驗，吾人理智則從多次分別實驗的個例，徹悟同類事件的總體，個個必有的公律；即是明白每次焦點燃燒或發光的理由和原因（因為玻璃鏡的凸形本體，不但能透光，而且能集中光線，加強光與熱，以至於燃起火焰）！

（章終）

第三十二章　原理與科學之分類

論式眾多，種類不同，所用第一原理或因素，不能全屬同類。先根據邏輯公理檢討如下：

論式有真理與錯誤之分。前提錯誤，固然有時能產生真實的結論，但只能產生一次。假設甲作丙的賓辭是一真實結論，前提卻大小都是錯誤，用乙作中辭，甲在乙，乙在丙。必欲證明甲在乙，乙在丙，另尋中辭，必定都是錯誤。因為凡是錯誤的結論都是生自錯誤的中辭。真結論生自大小前提俱真的論式。真論式、假論式，彼此不同。故所用的第一原理或因素，也不能相同。

何況，假論式種類不一，所用最高原理或因素也是逐類而異。錯誤和錯誤相較，或因類性互異，各不相容；或因種性不同，彼此衝突；例如說「正義是不正義」、「正義是懼情」，兩個論句都是錯誤，類界互異各不相容；又如說：「人是馬」、「人是牛」，兩個錯誤論句，類同種異，互相衝突；又如說：「同量，是量數較大」、「同量是量數較小」，兩個論句都是錯誤也是互相衝突，不論論式是互相不容，或論式互相衝突，所用第一原理或因素不能兩方相同。

根據前文已有的理由可以推證如下：

真實的結論，種類不同，所用原理和因素不能相同。許多原理或因素類性互異，彼此不相適合，不能互相代替。例如，單位有單位之理，「點」有點之理，單位純一之理，不佔方位，屬於數學；「點」是形體單位，必佔方位，屬於幾何學，類性如此不同的名辭，用在論式內，必定是或作中辭，或作上辭或作下辭。系統逐級增加，或上升或下降，不加於類系以內，便落於類系之外。加於系內者，同屬一類。落於系外者，類性不同，不能互相適合。即連大公的原理，例如：「凡是論句，或肯定，或否定」（不得既不肯定又不否定。這是排中律），也不足以證明一切論式的結論。

88右 事物分許多類。類性互不相同，原理或因素則不能相同。有些原理屬於數量之類，有些屬於品質之類（物有十範疇，各是一大總類，其下又有分類）。每一類用（超類的）大公原理，從本類固有的原理或因素中，推證本類的結論，只有大公原理不夠。原理數少。結論眾多。原理是前提，逐級增加，或加於類系以內（叫作本類公理）；或加於類系以上（是超類公理；或加於類系以旁，是借用原理；多由比例相同，異類相通，原理或定律，往往有互相借用的機會）。結論可能多至無窮。名辭數目有限。名理的定義及最高原理，都是有限的：各有類界的區分：故不能全屬一類。

結論眾多，不屬一類，原理也隨之而分歸異類。

有些原理是必然的；另有一些是偶然的。必然原理是必然論式的前提。

偶然論句（叫作或然論句，說出偶然性的原理）是或然論式的前提。（必然、或然兩相不同，完全不屬一類）。

從此可見：為證明數目無限的結論，數目有限的原理不能共同屬於一類。

能有人退一步說：「固然，幾何學有幾何學的原理；算數有算術的原理；醫科有醫科的原理。然而凡是原理，都屬於原理之類（由各科斟酌採用）」。這不過是說：「這些原理的總數是各類學術都有的原理」（然後，將數目相同的某些原理，說成了「同類的原理」；又轉過去，將「異類學術用同類的原理」說成「它們互用相同的原理」：將高級總類自同的原理，混作低級異類互同的原理了）。

縱然說：「異類學術，同於總類，故彼此相同」：也是不合道理。因為（在類級系統裡，遊逸上下，品級淩亂：將高級的類同誤認為低級的種同了），異類相混，必至於將萬類混為一類：「因為相同於相同者，彼此相同」（換言之：「任何事物，兩組或數組，同於其他相同的兩組或數組者，彼此相同」。由此原理，上方的意見作小前提，必定生出這個結論：「天下事物的萬類，都是彼此相同」）。如說它們不是異類混同，而是本身自同，這樣說是可笑的：這乃是說：「異類百科所用的原理，每一條是自己和自己相同的」，故說「它們是異類而同理」。

如說：用所有一切原理作前提，自然能證出所有一切可證的結論。可見，凡是結論，都可證自相同的原理。

這樣說仍不合理。學術的證明，不是將所有一切原理，合在一齊，用作前提，而去證出某一結論：也不是任何結論可以證自總數中任何那一條或那些條原理。歸納各科學術，可知學術萬千，其分兩類：一是顯明的，由顯明的原理證出顯明的結論；二是分析的，分析低級事物，探討高級（簡易）的原理。前者例如數學。後者例如分析學（今稱邏輯學），及其他各種低級學術。然而，顯然的，數學的結論眾多，不是證自相同的原理。分析性的各科學術的每條結論，各自約歸於無中辭的、切近的直接論句，作前提的理由。如說這些切近的前提是原理，則每類之中各有一條原理（不是許多類共有一個）。

最後考察，是否一切結論的前提雖然都屬一類，但其結論：又有各類不同的前提？

這樣說，顯然也是不可能的。前已證明了：異類事物有類界的原理，種異的事物也有種界的原理。

原理分兩種：一是各科主體、類性之所固有：例如數學有數理之類的本科原理；幾何學有「積量」之類的本科原理。二是各科學術證明結論時，共同遵守的（邏輯）公律（例如矛盾律、排中律等等也都是大公的原理）。

第三十三章　知識和意見

30　理智、靈智、意見三者，本質上，互不相同；對象上，也互不相同。

1.理智知理。理是普遍的。理智用必然的前提證知普遍的真理，「必然」就是「不能不然」的意思。（「必然如此」是「不能不如此」）。理智知理是知理性證實的必然真理；不求認識不必然的知識。

2.靈智知原因：知不證自明的知識。不證自明的知識是曉悟無中辭的前提（這樣的前提是結論的最高原因，是理性證明結論時所用的最高前提）：是理性知識的始因。

3.在必證始明和不證自明的必然論句之外，還有一些論句、有內容和真

35 理，現實如此，但不是非如此不可：可能不如此。這些不必然的現實論句，不是理性證知的必然真理，也不是靈智所知的顯明真理：不屬於理智和靈智的知識範圍；而在人心智中，構成另一種知識，叫作「意見」。意見，猶言有所見，意想以為真，認為現實如此，又知不是非如此不可：可能不如此。

89左 理智、靈智，和意見之所知都是論句，有真假的分別。凡是論句，都有這「或真或假」的特性。理智所知的結論，和靈智所知的前提都是必然論句：真時，則必真而不能假；假時，則必假而不能真。意見所知的論句，或前提，或結論，正是相反，都是「不必然論句」：真時，有「是不真」的可
89左5 能。假時，有「是不假」的可能。意見的知識也知一些無中辭的前提論句，但無論有無中辭，凡是意見，都不是必然論句。（真者現實真，不是非真不可，可能不真。假者，現實假，不是非假不可，可能不假。）

「意見」的真理，是某論句符合事物的外表，依外表的現象去看，某事似是真是如何，或不真是如何。傳達意見的論句，都是「不必然論句」，也

叫作「似真論句」：都是不穩固的。有形的自然界，一切都是如此（不必然，不穩固。現實如此者，都不是非如此不可，都能不如此。心境方面，既知某事之必然如此，便不能同時又認為它可能不如此，因為既知某事必然如此時，乃是理智或靈智對於某事有真確的知識。既知某事如此，又知它可能不如此，這樣的心境乃是「意見」。意見不是懷疑，懷疑是不知某事是否如此）。簡言之：意見不是知識，知識知必然。意見知不必然（懷疑是心裡雖有所知，但既不知必然，又不知不必然，首尾兩端，不知適從：游移不定。從此看來可見理智和靈智的知識，簡單叫做知識：是本義純正的知識。意見近似知識，懷疑卻只知問題而不知答案：三者相較，不能同時並存）。

那麼，對於同一論句，人怎能同時有「知識」，又有「意見」呢？（在同一學術觀點看去，那是不可能的。）但有什麼方法可以用來給認為那是可能的人，證明那是不可能呢？

為認清這個問題的要點，需知意見的推測和理智的推證，程序甚是相似；都用許多中辭，構成許多前提（或向下推進，推出各級結論；或向上推究，追本溯源，找出各級原理），不推到最後論句不止。既知所止，則有所知：但所知不同：或知事實，或知原理（用事實，或原理作前提的理由），理由是中辭之所指。

無中辭的最後論句（是最高前提），分兩種：一是（不能不然的）必然論句。它們是事物本體的定義（和特性的聲明），有能力作明證法的前提。知這些前提的人，有真確的知識。二是現實真確的論句，但所用賓辭，既不形容本體，又不聲明特性（只形容現實發生的附性，或類名廣泛的屬性，構不成必然的論句）；則其心景，不是真知，而是意見：彷彿是猜測：或猜測事實，或猜測原因：乃是意見推測出最後的前提：逐步推測，步步都是意見，不是真知（因為最後前提不是必然論句）。

對於同一論句，知識和意見，不完全同時並有；但只是在某些方式和限度裡，同時並有；比如意見的真假，能同時並有。按某些人的主張，對於同

一論句，真假意見，同時並有；，由此生出許多荒謬無狀的結論，竟說人有
錯誤意見，乃等於沒有意見。「同一」二字，是一個多義名辭，在某一意義
25 之下，能說「同一」；在另某意義之下，卻不能說「同一」。例如「對角線
和邊線同長」這一論句，一個人對於它，不能有真假兩個意見；但對於那同
一的一條對角線，一個人的意見說：「它和邊線同長」；另一個人的意見說
「它和邊線不同長」：兩個意見，對於同一對角線，一個真，一個假：同時
89左30 並有。(「同長」也是一個多義辭，或指「長度相同」，或指「正比例度數
同時一併加長：邊線加長多少，對角線也便以正比例酌量加長多少；或指對
角線和任何某一邊線，或四面邊線，長度的尺寸相等：按前面的定義，說
「同長」的意見是真的；按後面的定義說「同長」的意見是錯誤的：所談的
對角線卻是相同的一條)。

同樣，對於同一論句，知識和意見能同時並有。例如對於「人」，知識肯定「動物」是其必然賓辭；意見能肯定它是人的現實賓辭，卻非必然賓

辭。（對於同一主辭，肯定一個賓辭，知識肯定其必然而有；意見同時卻肯定其實有而非必然）。知識知「動物」必然屬於人的（科學）定義。意見只知人現實有動物的像貌，不知動物是否人本體真全定義之所指（也不知它是否人本體定義中的一個要素）。

從此可以明見，同一論句（討論同一主辭，聲明同一賓辭，在同一指義下），不能是（同一某人）同時並有的意見和知識（因為在這些條件指定的範圍內，意見和知識有互相矛盾對立的關係，不同有，也不同無）；必欲說它們同時並有，乃是心中承認某某同一論句（或事物），同時有異義，又無異義（有無相混，同異相混）；這是荒謬至極的，乃是不可能的。

89右 一人心中，對於同一論句，意見和知識不能同時並有；例如：那裡同時並有，等於同時承認：動物是人本體定義之要素，又不是它的要素：這是不可能的；因為前者經已說明了人不能不是動物（回閱七三左一六）。但在不同的某些人心中，對於同一論句，一人有知識，另一人有意見，並有於同時，卻是可能的，一如前論。

此外，知識的種類還有許多：一理智，二靈智，三科學，四技術，五明智，六上智。它們的分別在《自然學》和《道德論》中，將另有詳論。（理智由前提推知結論。靈智直認不證自明的定義和公理。科學由明確的定義和原理，推知事物的明確結論，作為定理。技術知工匠的正理。明智知行為的正道。上智知百科萬理的一貫之道：貫通於大公的原理及最高的原因。《自然學》研究物類自然的性理。《道德論》研究人行為的至善及其規則）。

第三十四章　銳　敏

89右10 銳敏，是理智察見中辭的迅速和正確：不稍遲疑：例如某人既知發光的月亮，常面對太陽；立時便理會到其中的理由：因為月亮發光乃是由於太陽的照映；又例如見「某人向富翁討論」，乃知其目的「籌借款項」是原因；或如：見眾人有友善的交結，便知他們是應付共同的仇敵。諸如此類，既見端辭（首
15 尾相關），便認出中辭，是關係締結的原因。試用甲代表「發光是面對太陽」；乙代表「發光是受太陽光的照映」；丙代表月亮。排成論式：乃見：

乙既在丙，	月亮發光是受陽光照映，（小前提），	
甲又在乙，	受陽光照映而發光是面對太陽，	
甲故在丙。	月亮發光是面對太陽。	乙是原因。

（卷一終）

卷二

第一章　問題和知識

25 問題和知識相對，數目相等，總類有四：一事實，二原因，三物體，四性體。

一、事實問題，是事體的有無問題：用若干名辭，分任主辭賓辭，構成論句：問在某主體是否發生了某某事情；例如：「在月亮上，是否發生了月蝕這件事？」這樣的問題是事實問題。（知者不問。問者有疑。疑則心不安。答問解疑，心遂安定。既知有月蝕，則不復問有無月蝕。答案既是「事實的有無」，則知其問題也是「事實的有無？」）

二、原因問題，追問事情的原因。既知某事的有無，自然乃問：「為什麼原因有無某事」？例如既知月有月蝕，或地有地動，則進一步問：「為什麼原因月有月蝕，地有地動？」

以上兩類問題，都是賓主二辭構成的論句，加上了疑問的語助辭。以下兩類問題卻是單純的，沒有賓主二辭的連結。

三、物體問題，是物體有無的問題。（物體是「物」大公名所通稱而泛指的任何生存和行動的單位：兼稱類名和私名所指的物體。參閱《形上學》卷四，註一。）例如「有無獨角馬？」或「有無天主？」（猶言「有無上帝？」）；這類的問題單純，在「有無」的問辭以外，只有某名辭所指的物體，沒有主辭賓辭等許多名辭的組合。和「月有無月蝕？」「馬有無白色？」等問題不相同。「月蝕」是一個事件，有月亮作主辭。馬白也是一樁事情，馬是主辭，白是賓辭。問「馬有無白色？」和問「有馬無馬？」或

「有馬沒有？」」）兩個問題不相同。（分別在於問句的單純和複雜。單純的有無問題，是絕對的問：「物體本身的有無？」」）：就是問「實有界，根本有沒有馬這個物體？」更深一層講：「有馬沒有？」是問「馬」這個名詞，是否表示一個實有的物體，或是一聲空話？

所以，物體問題（乃是「實體有無」的問題）不是「月蝕」、「馬白」等類的附性問題。

35 四、性體問題追問「物體有什麼性體」，就是在既知某某物體實有以後，自然而有的進一步問題：「那某物體是什麼」？例如既知「天主實有」、「人實有」，則進一步問「天主是什麼」？「人是什麼」？即是問：「天主有什麼性體？」「人有什麼性體？」

這類的問題，（外表上，似是複雜而浮淺，明言是問：「人有什麼性體？」「天主有什麼性體？」實質上，卻是絕對而）單純的問：「人是什麼？」「天主是什麼？」在「是什麼」的問辭以上，沒有賓辭和主辭等許多名辭的組合，卻只有簡單的實體名辭作主辭而已。

第二章　問題與中辭

問題（之所問），和答案（之所答），及因而得到的知識（之所知），按前章所述，共分四類，各類三者相同：惟在求知「中辭」。（中辭指示理由，決定結論的是否。）事體和物體的「有無」，是「中辭」的有無；原因和性體問題，是「中辭是什麼？」

90左 此外須知：「有無」分「全部有無」和「部分有無」兩種問題。「全部有無」，問實體全部絕對根本的有無？例如「有無月亮？」「有無黑夜？」對於既知實有的物體，卻只提出「部分有無」的問題：例如「月亮有無盈虧的事件？」意思是問：「月亮既是實體，是否它又有盈虧的現象」？這樣的問題叫作「部分問題」，因為所問的，不涉及實體整個的有無，而只限於追問現有的實體，（在根本有無問題肯定答覆以後），是否又有某某賓辭（所指的情況）。

中辭無他指，惟在指理由。問題無他求，惟在尋中辭。「月亮有無盈虧？有無月蝕！或有無其他情形？」本意是問：「有沒有一個中辭，指出適當的理由，用以證實月亮的盈虧等等情形」。**「有無中辭？」「中辭（所指）是什麼？」前問既答，必追後問。各類問題，都是如此。既知有原因，乃問「原因（的本體）是什麼？」**實體全部的有無，屬性或附性部分的有無，都有原因，每個原因都是中辭（所指的）理由。本身全部現有的實體，是主辭所指的物體，例如：月亮、地球、日頭、三角。部分有無的屬性或附性，是賓辭所指的情況：例如：虧蝕，量相等不相等；質相同，不相同；兩物體有無另某物隔障在中間。

90左15　在這一切問題裡，顯然的，性體和原因是相同的問題。例如：

問：「什麼是月蝕？」

答：「月因地球遮日而失光」。這乃是月蝕的性體。

問：「為什麼原因，月有月蝕？它的原因是什麼？」

答：「因為地球遮日，月乃失光」。這又是和月蝕的性體相同：它乃是月蝕的本性本體。

又例如：

問：「什麼是音樂的諧和？」

答：「音階高低強弱、度數節拍配合的適當」。

問：「為什麼音調高低諧和？」

答：「因為它們度數的配合適當」。請看又是：「為什麼」和「是什麼」兩個問題，有相同的中辭，作答案。（中辭就是「度數的配合適當」。）

歸納（器官）覺性知識所知的各類中辭，也可佐證上面的定理，就是：

凡是問題，都是追尋中辭。吾人覺性不知某事有無中辭（所指的理由），乃發出疑問：例如月蝕問題。假設吾人身在月球，明知月蝕普遍常真的本質，問題之所問，及答案之所答，同時明陳目前，則無疑問的任何需要。既明見地球遮掩日光，月亮乃有月蝕，月蝕普遍常真的本然，遂見知於吾人：問題則無由而生矣。

方才說：知「某物是什麼」？和知「為什麼有某物」？是一個相同的知識：或問實體全部的根本而不問其某一屬性；或問其種種屬性（或附性的賓辭）；例如問三角等於兩直角，或問（某物度量）的更大，或更小。

第三章　引賓歸主（定義）

35 諸如上述，可以明知，凡是問題，都是尋問中辭。原因問題就是性體問
題（性體是本性本體，也叫作本質）。物之性體，如何明示出來？引賓歸主
的方法是什麼？即是說：有什麼方法，可以賓辭歸於主辭（以指事物的本
體），構成定義，並看出它和明證法有什麼關係。凡是性體都有界說，界說
90右 也叫作定義。定義是什麼？什麼事物有定義？這是現在要討論的一些問題。
首先檢討諸般的意見和疑難；並從和主要結論，關係最密切、最恰當的一些
問題開始。

有人問：認識事物的方法有兩個，一是定義，一是明證，但在同一觀點

之下，認識同一事物，能不能同時用定義兼用明證？為答覆這個問題，需知以下數點：第一、眾人意見都認為定義指明性體；即是指出某物是什麼。性體論句常是全稱的肯定論句。明證法所用的論式卻不都是肯定的，也不都是全稱的。有些是否定，有些是特稱，例如：第二論法所有的結論，都是否定的。第三論法的結論，無一是全稱。第二點：第一論法的全稱肯定結論，不是一切都是定義。例如：「凡是三角，其內三角之合，等於兩直角。」（從這兩點，可以引出一個結論，即是：不是一切的結論都是定義。這就等於說：不是一切定義都是明證法可以證明的結論）。理由如下：認識明證的結論，是認識結論的明證。有明證的結論，不得同時又是定義。這是顯明的。否則，便有人（對於同一結論）能知它是定義，而不知其明證：因為兩者不必同有：（同時說知某論句是結論，故知它有明證；又說知它是定義，故不知它有明證；同時說知它有明證，又說知它無明證，這是自相矛盾）。用歸納法徧察許多實例，足以令人置信：定義不能同時又是結論。因為只用定義，無法識得（明證法證實某主體）實有的任何賓辭；既不得認識它的本體賓辭（特性賓辭），又不得認識它的附性賓辭。加之，凡是定義都是令人認識實體。顯然的，特性和附性都不是實體（雖然可以證明，但不屬於定義。故此說定義不是結論）。

諸如上述，可以明知，有證明的結論，不必都是定義。但是不是有定義者，都有證明，為答覆這個問題，現有一個理由，和上述的相同：「經一事，長一知」，一事一知，一物一知。就每物固有的本體說，對於一個物體，或一個事體，只能有一個知識。認識明證的結論，是認識結論的明證。假設，有定義者，必有證明；則能產生以下這個不可能的後果；即是某人既知定義無證，又說它知同一論句是定義無證，又是結論而有證。何況，明證法諸論式所用的最後前提都是定義。前者已經說過，最後前提不可證明。必欲說最後前提可以證明，又有更後一級的前提，則逐級後推，永無止境，這是不可能的。所以只剩一個真理；即是最後的前提，最高的原理是不可證明、不證自明的定義。

承認了不是一切論句都能同時是定義又是結論，但是不是能有某些論句可能同時是？不可能。凡是有定義的，都沒有論證。什麼有定義？性體有定義，實體有定義。凡是明證法，顯然都在前提裡假設並承認其主體實有的本性。例如數學假設單位是什麼，奇偶是什麼。這些定義都是提前承認，不需證明，也不可證明的事實。此外，凡是證明，都是證明其賓辭形容其主辭，或肯定，或否定。在定義裡，雖然有許多名辭，但這些名辭彼此沒有賓辭和主辭的關係。例如定義說：「人是二足動物」。在這裡，動物和二足沒有賓主關係；動物不是二足的賓辭，二足也不是動物的賓辭。又例如「三直線，各端相交圍畫而成的形象是平面的形象」。這裡的平面和形象彼此沒有賓主關係。（因為沒有類級上以大含小，以小屬大的關係。）

91左 用定義指明性體，和用明證證知事實，不是一回事。定義指明某物是什麼，明證證實是不是某賓辭形容某主辭。此外，不同的事物有不同的證明。

除非公類的全體可以兼統某種某部。例如，既知三角全類如何（內三角等於兩直角），則兼知等邊角的類有公性也是如何。因為等邊三角是三角公類全體中的一部分（是三角的一種），故有全類公有的相同性體。但事實論句和性體定義，彼此間沒有全體和部分的類級關係。（故知其一，不能兼知其二。這就是說，結論可證，描寫事實，不是定義。定義指明性體，不可證明。）

總結全文，可以明知：有定義者，不是都有證明；有證明者，也不是都有定義。同一事物，在同一觀點之下，同時既有定義，又有證明，乃是全不可能。定義和證明，顯然彼此不同，又無大小相含的類級關係。因為它們彼此的關係，和它們主體彼此間的關係相同。它們的主體不是彼此相同，也不是以大含小。定義不是明證，也不可證明，因為定義的主體不屬於可證之類。（它是前提以證其他）。

關於本問題所有的諸般意見和疑難，上文略已備述。（章終）

第四章　定義與證明

91左15 依照原定的程序，本章進一步討論：定義所指的性體能不能用三段論法
和明證法來證明？三段論法的本質是用中辭證明某賓辭形容某主辭。定義之
所指是某性體之所固有，同時又是性體賓辭，形容主體的本體如何。（不但
是形容附性或特性）。這樣的賓辭和主辭，在論句裡可以彼此換位，仍無傷
原意。例如：甲是丙固有的性體賓辭，丙是甲，甲是丙。是結論，則顯然
的，大前提是：甲是乙固有的性體賓辭；小前提：乙是丙固有的性體賓辭
20 （即是說：大前提乙是甲，甲是乙；小前提丙是乙，乙是丙）。兩個前提中
的賓辭都是主體固有的賓辭，並且是形容本體的。不滿足這兩個條件，則得

不到甲作賓辭形容丙之本體結論。假設大前提：甲形容乙的本體，乙卻不形容甲的本體（則丙不復能形容甲的本體）。

（這就是說：假設大小前提的賓主不能彼此換位，則不能有賓主可以換位的結論）。兩前提都是形容本體，則結論始能也是形容本體：例如乙是丙的本體。兩前提都是形容本體和性體之所以然時，性體之所以然即應先包括在中辭中。例如證明人的性體是什麼，丙代表人，甲代表人性體之所以然是人，即是：「二足動物」或其他。如此構成論式，甲必作每丙的賓辭，並需另有理由作這個結論的中辭，用乙代表這個中辭，乙也需是形容人的性體。因此，乃是用人性體之所以然在前提裡作中辭，為證明人性體之所以然的結論。試觀大小前提兩系統的最高論句和無中辭的論句，即看得極為明白，足證上文所說的正確。例如凡是用賓主換位去證明靈魂性體的人，或證明人的性體，或證明其任何物體之性體，他們都是犯了「車輪病」：用結論證明結

91右 論。假設有人肯定靈魂的定義是自己生活的原因，又說靈魂是自己運動自己

的數目，必須在前提裡也肯定靈魂的定義和本體是自己運動自己的數目。前提和結論之所肯定相同。假設甲隨乙，乙隨丙，則甲隨丙，但甲不是丙的性體，只不過是丙的一個真正的賓辭而已。即使假設甲是類名，乙是種名，甲理應作乙的賓辭時，甲仍不得是丙的性體賓辭，因為賓主不得換位。例如動物之類性的公名「動物」，固然是「人」的賓辭，因為人是動物的一種，並且真是「凡是人都是動物」。凡是有人性的物體，都有動物性。但人性和動物性不是一個性體，不完全相同，不得換位：不得說：「凡是動物都是人」，從此可見，除非大小前提都是賓主可以換位的論句，則產生不出甲是丙之本性實體的結論來。果然如此，則前提之所肯定已經是丙之本性實體。丙和乙相同，和甲也相同。結果乃是結論作了自己的前提，前提作了自己的結論，等於無所證明：只是犯了「車輪病」。（章終）

第五章　分類法與證明

分類法不是論式，不足以證出結論，在論法分析中業已論及。分類法總
不會構成「前提如何則結論必如何」的議論程序。和例證法一樣（只舉出個
91右15 別的事例），不會證出必然而普遍的結論。結論不是問題，也不是認可。議
論的人認可與否，不與結論之必然有何增損：前提既然如此，則結論不能不
如此：繫於前提和結論之間的關係，不稍有賴於人意之取捨。分類的人，討
論人的性體，先提出問題：「人是有靈無靈？」然後（將動物分成兩類，一
類有靈，一類無靈），決定說：「人是有靈動物」。他的這個決定，全是他
意志選擇，不是理性的結論。又例如「走獸是陸棲動物或是水棲」？他先提

出這個問題，然後（將動物分作水棲和陸棲兩類）決定說：「走獸是陸棲動物」。他的決定，發生在分類以後，沒有前因後果，理路相隨的必然關係；只是任意擇取了一類；不足以證理性的結論。論至他分類成了多少類，或分出了多少級，都不改變它的本質，這樣的論說程式，在本質上不合三段論法的規格。即使能有結論的效力（分類恰當，或分成同級矛盾的兩類，或分成許多級，每級分成互相衝突的許多類，以此分類作大前提，然後，小前提取其一，結論則必捨其餘；小前提捨其一，則結論必取所餘：有理性的必然；有結論的效力，前提的分類和取捨如此如此，則結論的取捨必是如此如此，故有結論效力。但其構造形式不合三段論法的規格，無論如何，不適合明證法的目的）：無益於證實某物的性體和定義（至多不過證出它真有的某某賓辭，總不能保險那是它的定義）。何況，分類程序中，易犯許多錯誤：或擅取異類，倫類錯亂，得所應無；或遺失本類，顧覽不周，失所應有；或超越範疇，逸入實體範疇以上的境界裡去。（這些錯誤都不是不可能的：因此無法保險證明出實體的本性來。）

上述錯誤和難處，人往往不知注意，也不知戒防。（即使避免了一切錯誤，解除了一切困難，分類法仍不足以構成論式。）假設分類法分出了性體所有的一切要素，沒有其他，並且從最高的第一類開始，逐級下降，一貫到底，一無所錯，一無遺漏，所得各級賓辭都是性體賓辭，直至最低不可分的名辭為止。（如此，必然的結果，是此最低的名辭，便有了圓滿的性體定義。這樣的辦法固然是給吾人指明了性體的定義），但這個辦法不是論式。這個辦法的自身沒有什麼不對，猶如例證法（或歸納法），引出許多事例，也能證出一些知識，但沒有論式的價值，不是明證法證實的結論。根據分類法找出本體賓辭，聲明某物本體的定義，不得說是推理證出了結論：猶如只知結論而無中辭，雖有理論的推演：「真是如此，則必如此」，聽者仍能追問：為什麼原因真是如此，則必如此。理論的思路，從某些論句推演到另某些論句，有時不經過中辭的媒介，雖然是理性的推演，但不是真正的論式。

用分類法得出性體定義，就是如此，仍可算是一種理性的推演，不算是有中
92左 辭的論式）。例如：「人是什麼？」是一個性體問題。設令用分類法找出了人的定義是「無翼，雙足，有死，有靈性，有生活的實體。」關於這裡的每個賓辭，聽者仍可追問：「為什麼人必如此？」因為分類法得出的賓辭，只是肯定的聲明，此外，人以為分類法證明了凡是實體，必是或有死或無死。但這樣的證明，不保險證出性體定義，即使證出的是一性體定義這樣的證明），不算是三段論法的證明（因為缺乏中辭，沒有指出原因）。（章終）

第六章　定義的定義論證法

一切固如上述，然則，能不能用「實體定義的定義」作根據，證明某定義是實體本性的定義？這樣的證明法可以叫作「定義的定義論證法」。它的程序如下：假設實體定義的定義肯定說：「實體定義是聲明性體固有賓辭的定義」。性體只包含本體固有的要素，故此只有這些本體固有的賓辭，不能有其他。這些賓辭（和它們所指明的要素），都是性體所固有，和性體名互作賓主，可以換位。凡是某性體有定義如此，便是有性體定義。這豈不就構成了明證的論式嗎？這樣的論式在小前提裡，即是說在未用中辭證明以前，已經就承認了欲證的結論。如此：「定義的定義論證法」乃是用結論作提，證明結論，不是合規矩的三段論法（能夠是合理的推演，但不能是合規的論式）。合規的論式不得不有中辭。這裡的論式明明沒有中辭。

猶如為證明某結論是一有效的結論，不可用有效論式的定義作前提。（論式依其定義，即依其基本構造的規格，常是兩前提一廣一狹，以大含小，彼此有整體與部分之間的關係）同樣，證明定義是性體定義，也不得用性體定義的定義作前提，為證明某結論之所欲證，不可將論式的定義放在前提裡作中辭。對方追問某結論有效否？不可只答說：「我們原來就承認有效論式，依其本體定義，常是如此！」同樣對方如說：「定義尚未證實。」吾人不可答說：「怎會沒有呢？我們原來就承認定義應是如此！」

又有人假設「任何某主體定義的反面，是那主體反面的定義」；用這個假設作大前提，從某物的性體定義，推證它反面另一物的性體定義。（這樣的推證方法，叫做反面定義推證法。）例如說：惡的定義是實體的分裂。（實體因統一而生存，因分裂而滅亡。固統一是善，分裂是惡。）善是惡的反面。統一是分裂的反面。故此，善的性體定義是統一而不分裂。這樣的理論，雖然有論式的外觀，但沒有論式的實效。因為結論欲證的性體定義，已經在前提裡作了中辭。雖然定義的反面是另一個定義，和正面不同，但中辭和結論的任何名辭不能是相同的一個名辭，也不得有相同的定義，也不得一正一反，彼此相關。凡是這樣彼此相關的名辭，都是在定義上相反相成，互相包含。這種種情形，都是違反論式的本質。凡是論式，賓主二辭不得是同一名辭。（中辭又不得到結論裡去作賓辭或主辭。）故「反面推證」的辦法無效。

總結前面兩章，可知「分類推證法」、「定義的定義推證法」、「反面定義推證法」，三者無一足以證明物體定義的正確與否。同時這三個辦法還有一個共同的困難（即是無一足以保證某些賓辭是否性體賓辭。這就是說，無一足以保證性體定義的純正。它們推證而得的賓辭，既然能是附性賓辭，則不必構成性體定義。一個主體的性體賓辭，縱有許多，在意義上，形容純一的性體，故此，在語法上可以一氣連讀，合成一辭，不用接詞，串通於其間。因此用不用接辭，是分別性體賓辭和附性賓辭的標記。附性賓辭，如有許多，既不形容性體自身，則無意義上的統一：反之，各有所指，不能連讀，合成一辭，必須用接辭將它們連結起來）。例如說：「人是陸棲動物」和「人會奏樂也會作詩」。（「陸棲動物」合成一辭，形容一個性體。「奏樂作詩是兩個賓辭，不能合成一辭，不表示一個性體。在性體上，奏樂是一回事，作詩又是一回事。「人會奏樂作詩的意思：是「人會奏樂」，「人也會作詩」。這裡的「也」字，在文法上，可以隱在言，不可少。必須有它作接辭，將兩個不同的意思接合起來。論至：「人是陸棲動物，」則意思純一：「人是陸棲」，和「人是動物」，不是兩回事，而是一回事。不用接辭，合成一辭，意思真實。加用接辭（在文法上，沒有錯誤，在修辭上，有時有需要），但在意義上，全不需要，並且它的意義，在這裡不是連合不同的意思，而是強調多辭共指一個意思的純一：陸棲動物的類性。分類法、定義的定義推證法，反面定義推證法、都不能保證性體賓辭和附性賓辭的分別。它們的必然結論，推演所得的真實賓辭，能是性體賓辭，也能是附性賓辭，它們自己無法分辨出來，也沒有分辨的任務。它們的目的不是作此分辨。這是它們依共有的本質同有的一個阻礙。因此阻礙，它們無益於證明事物的性體定義）。

第七章　定義與性體明證法（上）

35 一切既如上述，給事物下定義的人有什麼辦法？證明實體性體呢？他不能用明證法，從公認的事實出發證明前提如何，則結論必如何。他也不能用
92右 歸納法根據個個顯明的實例，證明每物不但事實如此，並且本體不能不如此。實例之證明只是事實如何與否，不足以證明性體如何。他又不能用覺性知識，或用手指指點出事物的性體來。那麼他能有什麼別的辦法可用呢？為答覆這個問題，需注意一點：即是：凡是認識「人」的，或任何事物的性體
5 的人，必須知道人或任何其他事物的存在。對於人或任何事物，知其性體者，不能不知其存在。不存在的物體，是虛無，無性體可言，也非人所能認

識。即有所知，也只限於知某言語或名辭的字義，例如「獨角馬」三字，字義易明，但性體不可知，因為「獨角馬」根本沒有生存，虛幻無物，根本不存在，故沒有性體。定義和明證法所表明的主體是（相同的）一個事物，主**體的性體和主體的生存不是相同的一回事。例如人的性體是一事，人的生存另是一事**，如此說來，用同一的論證，怎能同時證明性體又證明生存呢？

何況我們主張**明證法的目的，對於一切主體，如果有所證明，必須是證明它實有生存及情況，不是證明它的性體，除非生存就是性體。但為任何主體，生存都不是性體。**因為生存的主體，通稱物體。在這個極廣泛的意義之下，物體不是類名，故不能表示性體或任何性體要素。此明證法只是證明物體的生存（或實有）。各種學科的證明都是如此。例如「三角」二字有什麼意義，幾何學家只是採取，不是證明。論至「有無三角」，則加以證明，而不是採取。即是說：「在有生存的物體中，那一個是三角」必須加以證明。那麼給性體下定義的人，究竟用明證法所證出的是什麼？（假設他證出的只是性體），例如三角的性體。則人因定義而得的知識，只知性體，而不知生存（便是對於某物，未知其有生存，先知其有何性體）：但這是不可能的。（對於根本沒有生存的物體，怎能考究它有什麼性體呢？不生存的東西，不是實有物，根本什麼也不是：就根本沒有性體可言。）

考察現時通用的一切定義，也可知凡是定義都不證明主體有無生存，只表明主體的性體如何。假設某形象是周圍各點和中心距離相等，性體定義真實。它的主體有無生存，必須另尋理由來證明。有生存的物體中，為什麼這某一個是一個圓形，也是得舉出理由來才能證明。「銅山」二字也是同樣有真實定義並表示意義明確的性體。但只看「銅山」二字的定義，不證明銅山實體能不能有實際的生存。普遍來說：定義形容性體，不表示生存。有定義的物體，實際上，有無生存，尚須追問理由何在；至少這樣的問題，常常是合理的。

定義既成，或指實有物的性體，或指字義，或兼指兩者，或僅指其一；

不指性體，必指字義。字義就是辭理。但性體定義和字義有別，混而同之，
92右30 極其荒謬，理由不止一端：許多幻想的事物，無實體，無生存。有名辭和字
義，但無性體，故無性體定義：足見定義不是字義。凡是思想，或實或虛，
都有名辭。字義或辭理是名辭所含蘊的思想。但思想所指，不常是實有物的
性體；所以不常是定義。苟混而同之，則凡吾人言談論事，字字有思想，句
句是定義。《伊里亞》的詩話，句句也都成了定義：豈不荒謬？何況明證法
無論如何，不能證明為什麼理由某字不指某義（徧察各科學術，便知此言屬
實）。但各科學科都用定義指示物性，不專談字義。從此可見，定義的目的
只是指明實有物的性體，不是兼指某某字句指何意義。

說到最後，可以明見：定義和結論不同，它們的主體也不同。結論證明
35 實體的有無，定義不證明實體的有無，也不表示實體的有無。為發現實有物
的性體，應用的方法：不是定義，也不是推證。（章終）

第八章　定義與性體明證法（中）

93左 本章進一步，考察前文的理論那些正確，那些不正確？定義究竟是什麼？性體究竟有沒有證明和定義？辦法何在？

知性體乃是知某事物實際生存的原因。凡是（先無後有的）事物都有生存的原因。這個原因，或是和事物的性體相同，或不相同；不相同時，可證或不可證，不相同而可證（證出之後），則必定是中辭，證於第一論法。（可用來進一步，證明其效果之性體），只有第一論法能證出全稱而肯定的結論。現在本論所檢討的一個方法，可用，就是用事物的原因證明事物的性體。性體是一事。原因另是一事。證明性體的方法，是用此證彼。（也就是用原因的性體證明其效果的性體。）這樣的證法證出的結論（不是**明證法**的結論），是**邏輯公理以**推演的結論，它的內容足以說明性體。推演的程序和方式如何，玆在本處從頭說起：求知步驟，是既知事實，便問原因。事物的實際生存和原因，有時同時明知；有時一先一後；但絕對說來，未知其生存，絕不會先問其原因。從此可以明見：**有性體不能無生存；未知生存，不能先知性體**。但事物的生存有兩種：一是附性生存，一是本體生存；例如耳聞雷聲，便知是雲中大響；眼見月蝕，乃知是月亮失光；知人類，就知是動物之一種；知靈魂，則知是自動自活的實體。（這是賽諾克及柏拉圖學院的老生常談）：都是先知某物本體之生存（與存在），乃進知其性體（之定義。）但知附性生存，不算是真知實體之生存。未知物之實體生存（或有無），簡直追問其性體，是追逐空虛。對於本體生存之實有，先有所知，進而尋問其性體，始較容易。並且對於本體生存知得多少，對於性體也就知得多少（互成正比例）。知生存，是知性體之所繫（性體定義的知識，緣繫於對其物本體之生存，實有先備的知識）。

茲就吾人稍有所知的某些事物之性體，舉例說明如下：用甲代表月蝕，用丙代表月亮，乙代表地影。問甲的有無，乃是問乙的有無，也就是問甲有什麼理由或原因。既知有乙，則肯定有甲。（乙是甲的本然。）

又例如：某圖形的諸角之和，是否等於兩直角？矛盾兩端，何者有理？既知其理，乃知其有無。如果是無中辭的論句，理由和有無，則同時見知；否則，但知有無，尚需採求理由。用丙代表月亮，甲代表月蝕，乙代表圓月無光，而月與吾人之間，並無障蔽。排成論式：

93右 既然乙在丙，

而且甲在乙，

所以甲在丙。

但其結論「甲在丙」，只知月有月蝕，尚不知其理由為什麼。既已明知「甲實在丙」，進一步而問其「理由是為了什麼？」乃等於問「中辭乙是什麼？」是否是地影，或月球旋轉，或月球熄滅？這些問題的正確答案，恰巧是賓辭甲的性體定義：（說明「月蝕性體是什麼」？因為，月蝕的本質）是地球遮掩了照月的日光」。這也是月蝕的原因。

又例如：

問：雷是什麼？

答：雷是火炸響而熄滅於雲中。

問：為什麼打雷？

答：因為有火炸響而熄滅於雲中。

用丙代表雲，甲代表雷，乙代表火炸響而熄滅，構成論式：

既然乙在丙，

而且甲在乙，

故此甲在丙。

中辭乙，是甲在丙的理由，也是甲的定義。甲是首辭。（丙是尾辭。）

假設乙，（不是最後中辭，而在它以上）另有某些中辭，這些就都是甲的本體賓辭：個個是其定義的要素之一。（參閱《前編》，註二〇〇，類譜與性體定義。）

93右15 性體（和性情相對，是性之本體；而性情是性之動用，互有體用之別），如何察取？如何知曉？上段業已說明。性體定義，不是論證法或明證法推證而得的結論；但為知曉它的有無與內容，卻必須取道於明證法。物體的本身，如果不是它自己的原因，而另有某物作原因，它的本體是什麼，除
20 非用明證法的分析，吾人則無以知曉而確定之。然而這不是說它是明證法的結論，回閱（本卷章二～章三），考核種種問題時已有的討論。

第九章　定義與性體明證法（下）

事物當中，有些在本身以外另有原因，有些卻沒有。事物的性體（或性體之定義），依同理，也是有些在自身以外另有原因，有些卻沒有。沒有其他原因者，性體單純，定義明顯，原理至高，可表達於無中辭的論句中。它們的實有和定義必須被人無條件的接受，或用別的方法揭曉於人，供人採納。例如數學家，在最初的始點，便接受「數目之單位：一之為一」的定義，並承認它實有（不加考問或證明）。

有些事物卻有中辭，它們的性體和實有，在自身以外另有某某原因；按前章所說，它們的實有可以受到證明；它們的性體之定義，也能仰賴明證法而見知於人，但不是明證法的結論。（明證法，既知結論，乃分析論式的構造，由結論出發，檢討原因：遂見前提內中辭舉出的原因，正是結論所指事物的性體）。

第十章　定義分許多種

所謂「定義」，乃是一個論句，說明「某物是什麼」。顯然分許多種：一是名辭定義：說明某某名辭表示什麼意義。或指出事物性體之本然，或指出性體以外的某某名理：例如三角這個名辭表示什麼意義。吾人既知其實有，乃追問它為什麼實有？不知其實有，則難採納其有某這樣的性體。因難的原因，按前者已有的說明，在於只用名辭定義，吾人僅能取得事物外在的附性知識，抓不住事物本體的有無。

言論的統一，有兩種：一是篇章的聯合，例如《伊里亞》詩卷；二是單純的論句；一個名辭作主辭，另一個名辭作賓辭；兩辭的關係又不是偶然的

94左 附性關係，乃構成本體賓辭的簡單論句。以上是**定義的定義之一種**。

二是事物定義，聲明事物為什麼理由而是實有的。名辭定義指出名理的意義，不證明事物的實有。事物定義卻顯然是事物實有的一個證明，猶如性體定義是「事物是什麼」的一個證明（不是證明事物的屬性，而是證明屬性時所應用的理由）；但兩者在名辭排列的形式上互有分別；因為一個說：為什麼雲中打雷？因為雲中有火爆炸而熄滅；另一個卻說：「什麼是打雷？」雷是雲中有火爆炸而熄滅。一個言論如此排列起來，乃有不同的兩個形式；一個是三辭貫通的明證論式，一個卻是一條定義的聲明。雲中轟炸，是雷的定義；這乃是性體定義明證的結論。㈠

三是無中辭的性體定義，舉出不證自明的某些單純性體是什麼，則不得採用證法的形式。

總結全論，可知定義分三種：

一是不證自明的性體定義：用無中辭的論句，直陳某物是什麼。

二是有中辭的性體定義：用三段論法的思路，陳明某物是什麼，但名辭的排列和證法不同。（其結論只說事物的實有。）

三是明證法推求性體定義而得的結論。（說明某某事物是什麼。）

從此可以明見：性體定義，在什麼條件下，應有明證法的形式；在什麼條件下，不得有之；那些事物（名辭）應有之；那些事物不能有之；並且還可明見，定義的定義有多少種類和形式；什麼形式證明事物是什麼，什麼形式不證明；那些事物是什麼可以受到證明，那些卻不可以；定義的形式和明證法有什麼關係；並且還可明見怎樣同一論句能夠既是定義之聲明，又是明證之結論，怎樣卻不能夠。

附註

註一：丙代表雲中嚨嚨，甲代表雲中有雷，乙代表雲中火光爆炸：排列成天法元式，而有兩種不同的排列：

一、事物定義：用明證法的形式，陳明事的實有：

既然雲中火光爆炸是雲中有雷，
並且雲中嚨嚨是雲中火光的爆炸，
所以雲中嚨嚨是雲中有雷。

既然乙是甲，
並且丙是乙，
所以丙是甲。

二、性體定義，用明證法的形式，陳明事物是什麼：

既然雲中嚨嚨是雲中火光的爆炸，
並且雲中有雷，是雲中口隆口隆，
所以雲中有雷是雲中火光爆炸。

既然丙是乙，
並且甲是丙，
所以甲是乙。

第十一章 原因

94左20 知識在知原因。人知原因，則自以為有知識。原因卻有四種一是「**物是**
嘗是所謂什麼之所是」：即是物性之本然，簡稱性體；二是「既有這某些
事，則有那某些事」的必然性；三是第一始動者，四是「為什麼目的」。這
些原因都是用中辭證明出來。因為「既有此，則有彼」的必然性，只用一個
25 前提，推證不出來：至少需用兩個，並且用一個名辭作中辭，始能推求出必
然的結論。可明見於以下這個實例：

為什麼理由這個半圓內畫的三角是直角？直角的條件是什麼？試令甲代
30 表直角，乙代表兩直角之半，丙代表半圓內畫的三角，排成論式如下：

既然每乙是甲，
並且每丙是乙，
所以每丙是甲。

凡是兩直角之半，都是一個直角，
然則凡是半圓內畫的三角都是兩直角之半，
所以凡是半圓內畫的三角都是一個直角。

譯者贅筆：

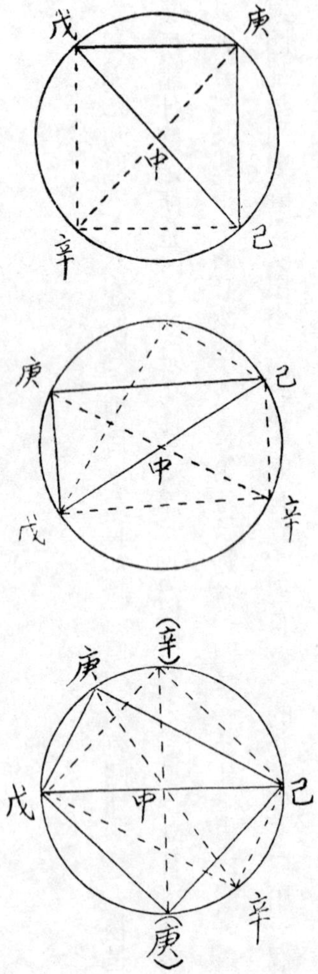

甲：代表一個直角（九〇度）
乙：代表「戊中己」平角，兩直角一九〇度之一半。
丙：代表「戊庚己」半圓內畫的三角。

丙所代表的「戊庚己」那個三角，是「戊庚己辛」四方形用圓周直徑作對角線，平分而得的一半：角度和麵積，正等於一個直角：同時也是平角「戊（中）辛」的二分之一。

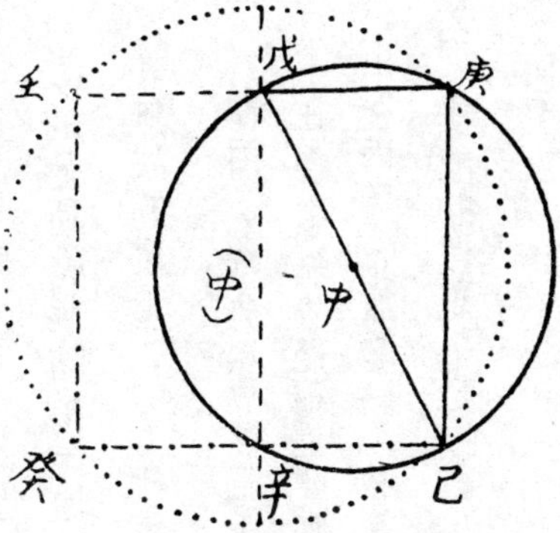

上例說明了：乙是中辭，指出「必然每丙是甲」的原因。同時可見乙也
35 是「**三角是嘗是所謂什麼的所是者**」：即是三角性體定義所指示的三角之本

94右 然。這也就是證明了：性體定義作中辭，指示原因。

又例如：問：「為什麼（波斯的）麥狄人進攻雅典人？」換言之：「進攻雅典人的原因是什麼？」答說：「因為雅典人聯合埃來特人侵犯了撒而德人」。這是發動戰事的第一原因。用符號形式說明如下：甲：代表戰事，乙：代表無故的侵犯，丙：代表雅典，排成論式如下：

惟因乙在丙，	雅典無故侵犯了麥狄人，
而且甲在乙，	無故侵犯是發動戰事，
於以甲在丙。	雅典發動了戰事。

94右 乙、無故的侵犯，是中辭，指出戰事發動的初因。無故侵犯是不公義的戰犯，應受反攻。

事物的原因有時是「為了什麼某一目的」：例如：

問：某人為什麼散步？　答：為強健身體。

問：為什麼設備倉庫？　答：為保存器物糧米。

強健身體是散步所為的目的。保存物品是設置倉庫的目的。問「為什麼原因飯後散步？」和問「為什麼目的飯後散步？」兩個問題話不同而實意相同。可見目的也是原因。試用丙代表飯後散步，乙代表疏通腸胃，甲代表健康，排成論法的符號形式：

既然乙在丙，　飯後散步疏通腸胃，
而且甲在乙，　疏通腸胃健康身體，

所以甲在丙。　飯後散步健康身體。

甲在丙的原因是乙：乙卻是丙的目的，同時也是甲的一種定義，指出健康的本質。然則為什麼理由，乙在丙？乃是因為腸胃疏通，則健康舒適。辭句位置調換，則各種意思更為顯明，（用甲作中辭，證明乙在丙的結論）事物發生的次序，和發啟變動的次序，是始末顛倒的。前者先有中辭甲作大前提的主辭。後者卻將小辭丙用在前頭，而目的卻用在最後：兩者都是天法元式：名辭調換而法式未改：

前者是：因甲是乙，
而丙是甲，
故丙是乙。

後者卻是：因丙是乙，
而乙是甲，
故丙是甲。

同一效果的發生，能有數種不同的原因：目的是一種原因；物質因素的必然是另一種原因。例如燃起燈火照路的原因，一是燃燈的目的是給行人照明道路，免使跌倒；二是燈籠各因素設備適當：燈罩、羊皮紙玲瓏透光，則燈火將光線放射四方。

事物的實有，和變化形成能有數種原因。例如雷聲口隆口隆，是火爆炸雲中必然發生的震動，同時，按皮達閣派的主張，也是為了驚醒閻王殿裡的石灰羅漢這個目的。這樣的事例甚多，極多見於物理自然的變化，或聚，或散，或變化而生的效果。自然界，物理的本性產生變化，或由於目的之追求，或由於因素促迫的必然。

95左 因素促成的必然，尚分兩種：一是本性的必然，例如重石的本性，必然降落下沉；二是外迫的必然，例如重石被提舉上升。

人理智的行動，及其產品，不生於本性自發的必然，而生於目的之意
95左5 願：例如建築和雕刻；有些效果，也有時生於偶然幸運，例如健康和安全。
或自然的事物，能如此也能不如此，如非偶然出生而得善良的終局，特別往
往生於目的的意願之設計，這裡的目的能是物性自然的，也能是工藝人為的。
有目的和有計畫的事物，都不是生於偶然。

第十二章　時間和因果

古往，現今，和將來，各時期中，同樣的效果生自同樣的原因。凡是效果都有原因。什麼時候有效果，什麼時候就有原因。因果同時發作。例如：為什麼以往曾有月蝕？因為以往曾有地影；現今和將來的月蝕，也同樣是因為現今和將來有地影。又例如為什麼清水結冰？冰是什麼？茲請承認「冰是清水凍結」。試用丙代表水，甲代表凍結，乙代表嚴寒，排成論式，乃得：

既然乙在丙，
而且甲在乙，
所以甲在丙。

關係如此，古往今來無兩樣。因果同時並作，同時問題，按大眾意見，不同時並作的兩件事物，是否能彼此發生因果關係？原因先至，效果後生，古往今來，時期互相隔離，是否可能？並且是否也得以由後生的效果，推證以往先有的原因？雖然由先至的原因，不得推證後生的效果。關於各時期的事物，都是這樣，勿分因果間時期的隔離，有無固定的期限。在此期限中，原因方有之時，不得說：故有效果，因為效果還沒有生出。效果既生之時，也不得說：故有原因：因為原有已經逝去了。

理由是：中辭和首尾兩辭必須同屬一類。就時間的分類而論，以往，現今，和將來是不同的三類。三辭同類，必須同時：以往和以往，現今和現今，將來和將來，既是同時，才是同類。異時相分，則不能是同類。

95右 其次：先後時間的距離，不能是沒有定期的，也不能是有定期的；因為在那時期中，由原因推斷效果的論句常是錯誤的。

討論至此，尚須考究：異時發生的事物，前後之間能有什麼貫通的聯繫，足以是前引後隨的（因果關係）。顯然可說：現今，和以往發生的事物，沒有貫通的聯繫，因為以往發生的事件和以往發生的事件，同樣也沒有貫通的聯繫：理由是：以往的事件有不可分裂的單位和界限；如同幾何學所談的「點」一樣，單位純一，不可分裂，彼此不能有積量展開而連接合一。細小不可分裂的單位，至純至一，不能有積量貫通相接的合一。

現今事物的發生，是一個延長的歷程，對於以往發生了的事件，有幾何學內線對於點所有的比例和關係；無限多的往事，包含在現今事物方在生發的歷程中。這些問題在運動總論中，尚待清楚的討論。（《物理學》卷四，章十至十四；卷六；《範疇集》，章六，四右三五～五左一五）

在時間延續的歷程中，名辭充任中辭，怎樣表示效果的原因，這個問題，前段已有了相當充足的討論。這類的論式和其他論式一樣，首尾兩辭之間必須有中辭；並需要無中辭的直接論句作最後的前提。例如甲事發生，是丙事發生的原因（甲事先發生，丙事後發生。在變化程序裡，甲是原因，丙是效果。在推證程序上，丙是始點，因為它最近於現實。計算時間，以現時為始點）。然而既知丁事發生，則知丙已發生。故此，既知丁事發生，則知甲已發生，並是最早發生的。排成論式：依照有果則有因的引隨關係和次第：

既然有丁則有丙，
而且有丙則有甲，
故此有丁則有甲。

前提裡，這樣採取中辭，其數目排成系統，增加到相當品級，或終止於無中辭的最後前提，或續增不已，永無止境？因為，按上段的說明，以往的
23 兩事，不發生貫通合一的聯繫（中間常有距離）。然而（這樣的論證程序），必須用無中辭的最後前提作出發點，猶如時序的計算，應用現實這一頃刻作最初的第一刻。因為否則，論證的程序無法開始。

推論將來事物因果關係的實況，也用同樣的程序和形式：

既說將來要有丁是真的，則應說將來要先有丙也是真的，

並且將來要有丙，則將來先要有甲，

所以將來要有丁，則將來必先要有甲。

這裡論證的程序，分開中辭的數目和品級，如同前面方才已有的說明，也要無限分多，永無止境；因為將來的事件，前後沒有貫通延續的聯繫合一，故可無限增長中間的距離。這裡論證程序，同樣也應採用無中辭的直接論句，作最後前提，並作論證的第一始點。從人間工藝的作品中，可以舉出一個實例：

如果將來要建築一所房屋，則將來先要採伐石料（並且將來如果需要採伐石料，則將來先要募集石匠工人，所以如果將要建築房屋，將來就先應募集石匠工人）。

為什麼理由呢？因為要建築房屋，就先要打下根基，為要打下根基，卻需要採伐石料（並為採伐石料，乃應募集石匠工人）：所以為能將來建築房屋（首先要募集石匠工人）。考察所用的中辭和前提，「採用石料」，是最低的前提。「打下根基」，是最高的前提，並是第一中辭。

還有些事有循環發生的現象，觀察易見。首中尾三辭，互為賓主，互相
96左 引隨，代表所指的事件循環相生。《前編》卷二討論的「迴證論式」，也是前提結論，可以循環互證的論式。從自然的工化中，取一個實例說明如下：

地濕則生霧，　雨降則地濕，
霧重則成雲，　地濕則……，
雲濃則造雨，　（循環引隨）。

有些事件的發生，遵守普遍的常則：有此則有彼，件件如此，常常如
10 此。另有些事件的發生和變化，沒有恆常的定則，卻守大多數慣有的常例，惟有少數例外。例如凡是男子，都要面頰生鬚，不是常常如此，而大多數慣例是如此。事有常則，則有常真的中辭；有慣例，則有屢真的中辭（和前提）。結論常真與否，取決於前提。如果甲在每乙而乙在每丙，則丙在每

15　甲。「每」字指示句量：標明論句普遍常真。但如假設，甲大多數次是乙的賓辭，而且乙作中辭，也是大多數次是丙的賓辭：所以結論也是：甲大多數次是丙的賓辭。

總結而言：什麼樣的結論，必有什麼樣的前提。大多數次屢真的結論，有大多數次屢真的前提。那麼，屢真的前提，（是有中辭的，或）是無中辭的論句，聲明事物慣有的生存和變化的情況。

第十三章 定義內的要素（內含）

96左20 性體名辭在論式中佔什麼位置？和首尾二辭有什麼關係？怎樣有定義或
證明？怎樣不能有？前面已經說過了。現在進一步討論怎樣獵取性體定義內
部包含的種種賓辭。

25 每一個實體名辭，本性常有的賓辭當中，有一些或任何一個的範圍比主
辭寬廣，但不越出範疇。這就是每個賓辭甲所指的類公性範圍以內，包括一
個主辭乙，又包括另一主辭丁，或其他。這些主辭雖然屬於同一範疇，但在
範疇之內，不屬於同種。例如「三」字有許多賓辭甲乙，同是還有主辭不是
30 「三」，但有相同的賓辭甲乙。例如「物體」是一個大公名，是「三」字的

賓辭，也是數目的賓辭，也是其他物體的賓辭，超出了數量的範疇。另一方
面：例如「奇」數是「三」字的賓辭，也是「五」字的賓辭，但沒有超出範
疇：這樣賓辭，數目眾多，都是第一級賓辭搜羅在一齊，合成總體，然後和
主辭比較，化整為零，則個個比主辭範圍寬廣；合成總體，卻和主辭範圍相
35 同。因此：它們的總體必定是主辭所指性體的全部內容。簡單說：它們的總
體是主辭的性體和定義。例如：「三」字有以下這一些第一級賓辭：「數
目」，「奇數」：「不是乘數之積」，「又不是兩數之合」。這些賓辭合成
總體乃是「三」字的性體定義：「三是兩數乘之不積，加之不得的一個奇
96右 數」。分開論之，「數」和「奇」是一切奇數的賓辭，不限於「三」；「兩
數乘之不積，加之不得，也是「二」字的賓辭（「二」非兩數相乘之積，也
非兩數相加之合。一字不是數，而是數之超類元始，一一相加而得二，不叫
作兩數相加：猶如兩點相加而成線，也不是兩線相加而成線）；但合成總
體，乃是「三」字的性體，是三字所獨有，非任何其他主辭所共有。本書前

者業已證明，性體賓辭是普遍賓辭，凡是普遍賓辭，都是必然賓辭：性體常真，永而不易。上述「三」字所取得的賓辭，都是性體賓辭，所以是「三」字性體的必然賓辭。其餘主辭的性體賓辭，仿此。這些賓辭的總體是主辭所指某類本性的實體，可以說明如下：假設上述三字的賓辭總體，不是三字的本性實體，則必定自成一類，不論它有無特別的類名。它的類名範圍必定廣於「三」字。假設它的類名，竭盡普遍性的全稱能力，稱指盡了一切主體，別無所指，個個都是「三」字，從此可知，它那類名之所指必是「三」字的性體。（本性實體即是本性本體，合稱性體）。每個物體的性體是同類每一個體範圍最恰當，最狹小的賓辭；這也是一個基本原則。本此原則，可知凡賓辭的總體，如果證明了是全類個體最低狹而恰當的賓辭，則必定是主辭所指物類的性體無疑。

為給普遍的種名或類名下定義，適宜的步驟如下：將其範疇或本類，用分類法，逐級分開，直到最低狹的，不可再分成許多種的種名為止。例如數目是一類，分成二、三等：最低種；又例如圖形是一類，分成直線、圓形，三角等：最低種；然後（比較所知各類），試給每一最低種的種名，尋找本
96右 體定義，遵照前已指出的方法；然後，類界既已確定，例如指出某類屬於什麼範疇，或數量，或品質，乃考察每類具有的特點：用全類公有的首要特點作分類的標準，檢察同類各種互有的異點；將所知的同異各點，放在一齊；同點指同類，異點指異種。同異點兩名之合，是種的本體定義。類下分種。種下分個體。在種類品級眾多的系統中，個體直接屬於的種，叫作最低種。分析定義，乃可證明出每個定義要素的名辭，都是最低種名的本體賓辭：因為定義及各單純的本體賓辭，直接屬於其主辭，間接屬於其他（故為證明其他，必須充任中辭），所以，是定義程序的始點（也是論證程序的始點）。

為完成兩個程序的各步工作，以得詳明的知識，分類法將各級的類，標明種別特點，分別出所能包括的一切種，是有裨益的。它的證明力，前（在章五，及《前編》，卷一，章三一）已經討論過了。下面說明它的用途，只

是助人推證「物是什麼」，一是次第不紊，二是分類周詳，故非如眾人嘗以為全無意義。賓辭的排列，次第紊亂，非同小可，關係思想的明確。例如說「人是兩足的文明動物」，和說「人是文明的兩足動物」：意義不是沒有分別（前者將動物分成文明與不文明的兩種，然後又將文明分成兩足或不兩足。後者卻將動物分成兩足與不兩足，而將兩足者分作文明與不文明：前者紊亂，後者卻清楚整齊而正確）。

原來，凡是定義，都有兩個要素，切近的類名是一個單位，加上某種的種別特徵，乃構成該種的性體定義：可見分類法既助人尋獲定義的要素，故有益於定義的知識。例如：「人是文明的動物」（或「人是理智的動物」。動物是切近的類名。文明是特性名。理智是種別特徵：並是文明的泉源）。

此外，性體定義的要素，必須完備無缺，為使一無遺漏，則應採用正當分類法。分門別類，始於最高類，歷數中級各類，達到最低種；逐級分類，不可越級。越級則必有所遺漏，而分不盡所分的全類。類（在範疇以下），

各有類別特徵，是乃某全類之所公有。類下的分類，如果越級下降，例如將
97左 動物（不先依次分作有翅無翅），卻直接分作或羽翅或扁翅，則遺漏了無翅的萬種動物。動物第一級分類總數之合，應等於動物總類的全體。動物總類以內或以外的各類物體，都遵守這樣的分類方法。動物以外，有礦物或植物；動物以內，例如水棲或陸棲等等。每級分類：或二分兩相矛盾，或多分數種平列。（標準固定、次第不紊、逐級遞進，是分類法三大規則），保證分類完全而無所遺漏。否則遺漏難免而不自知。

定義者（示每類之自同），分類者（示各類之互異）（為統一無遺漏），無需知盡萬類。有人卻主張反是（例如司播細布）；以為欲知各類互異，不得不逐類皆知；不知各類之所以異，則不知每類之自同。不相異者，乃相同。兩相異者，互不同。

這樣的主張，似是而非。錯誤有兩點：第一、「兩相異者，互不同」，是錯誤的。不凡是兩相異者，都互不相同；而只是凡有實體相異者，其本體

互不同。故有種同者，個體卻互異，並且異點殊多。（種同者，性理相同，本體相同，個體能分許多而大相異。）

97左15 第二、「欲知各類互異，不得不逐類皆知」，也是錯誤的。矛盾分類法，根據第二級種別特徵之有無，將某類分成矛盾對立的兩種。兩者之合，等於公類全體，足見一無遺漏。公類各種，非此即彼：僅有兩種，任擇其一，識認種別特徵，命其名而取之，加於類名，乃成種名之定義，以示其性
20 體。（性體，猶言本性本體，即全種公有實體之本然，亦即全種公性之本體）。此外，萬類各自所有之萬種異點，知與不知，與定義之純全，無所增損。矛盾兩方，是非對立，一方定義既成，對方萬類，無需逐類皆知，統歸於「非己」而並捨之，無妨。用此分類方法，逐級分類，循序下降，最後自然止於不可再分之最低種。類級既盡，各級種名定義，已在其中。（參閱《前編》註二〇〇類譜：二分法與定義法。）其結果自然而必然，不可謂為無理的要求或擅取。

用上述分類法，制定性體定義，必須遵守三條規則：一是：非性體賓辭，不取；用以表示物性本體是什麼；二是：先後次序，秩然不紊；三是：分類全備，一無遺漏。（詳加申說如下。）

選取性體賓辭，用《辯證法》（卷二～四）指出的方法：考察，推演，就正於「**類名部**」以得性體賓辭；探討於「**附性部**」以得附性賓辭。（《辯證法》，好似名理的倉庫，庫內分許多部，大致遵照十範疇的各級分類。類名部指出性體賓辭的尋繹方法。全書另名《理庫》）。**遵守先後次序**，則應採取第一類名開始。然則第一者，最先之謂也：乃全類各級每物之隨辭與賓辭，而以同類各級每物為引辭與主辭者也：故為全類每物全稱論句之賓辭。（物各有類，類各有極，極是第一，自然必有者也。）既得第一類名，乃（以種別特徵之有無）分出兩種：一級如此，各級皆然；歷經中級，以止於最低種（每級上一下二，上者是類名，下者是種名；從第一以下，逐級羅列，上銜下接，上者對上者是下，下者對下者是上。上者給下者作賓辭，論句全稱肯定。下者給上者作賓辭，論句特稱肯定。上者無上或去上，對下乃是第一。如此從上而下，或由下而上，遞級排列，次序乃不紊亂。參閱《前編》，註二〇〇，類譜）。

為能分類周全，仍用二分法，次第不紊，乃可（必要者，）一無遺漏，
35 （不必要者）一無贅加。這是顯然的。因為，採取任何總類，作第一類，分成矛盾二類：不多不少，例如動物之全類，分成彼此矛盾的兩種，每個動物，則是或此或彼，非此即彼（非有羽，則無羽）；果非彼，則必是此。此類之下，又分矛盾兩種，如此以往，直至最低種而無種再可分而後止。最低種以下，只能分別出若干個體。回察上下，所取各級賓辭，都是性體賓辭，一無遺漏；凡是與性體定義無益者，一無贅加收入。

假設有所遺漏，則應是類名或種別特徵；然而類名居首，乃分類法之始
97右 點，不會遺漏；並且種別特徵之有無，聯合類名而分成矛盾兩種，種數既不能不周全，則種別特徵也不會有遺漏（每級平數，矛盾只有兩種，故無遺

漏），眾級總數，上始最高，下止最低，也不能有所遺漏：種數無遺漏，則
97右5 種別特徵都已包含在內，可見也無遺漏。最低種以下，依既說定的條件，沒有其他可分的更低種，故此止於最低種，則無他種遺漏之可言。（可用《前編》註二〇〇，類譜，作為二分法的典型實例。）

以上用分類法製造性體定義，是由上而下：同下求異，將同類分成異種。今如轉換方向，由下而上：異上求同，將異種合歸同類，也能收到同樣的效果：（分類成種，是給賓辭尋找適宜的本體主辭。反之，合種成類，卻是）給種名尋找本體賓辭。步驟如下：首先搜集所有眾物，察其公眾之所同，就其共同之點，而分歸一種；然後再察同類之下，尚有的其他種。許多
10 異種，因有共同之點，乃屬同類。眾類互異，又有所同，則屬於更高類，逐級升高，直至最高類而後止。然後，合聚各級本體賓辭，構成統一的思想單位，用各級種名作主辭，構成論句，得各級種名的性體定義（例如《前編》註二〇〇類譜內：動物是有知覺和運動的生物。人是有理智的動物等等）。

上述異上求同的歸類法，有時終止於兩類，或數類，不統歸於更高的惟一總類（各屬於不同的範疇）：那麼，有幾類，便有幾個最低種的性體定義：例如，尋求「志氣浩然」的定義，首應徧察許多志氣浩然的人物，找出他們表現的共同點：例如某某一些人，以志氣浩然著稱於世；而其共同點是：「不甘自辱」：或為保衛榮譽，興兵作戰，或義怒填胸，或拔劍自刎。（希臘人名三個從略）

然後再察另有一些人，也是以志氣浩然著稱於世，但他們所表現的共同點卻是「禍福自若」：受禍不悲，得福不喜，處變如常，例如黎山德，和蘇格拉底。

於是乃應比較「不甘自辱」，和「禍福自若」兩者彼此有無共同點；如果沒有，則「志氣浩然」一分兩種，不屬同類（乃是同名異指的一個名辭）。

凡是定義，都是全稱論句，表示普遍常真的性體：因為醫師配藥，醫治某某眼疾，不只求醫治一個人的一隻眼睛，而是醫治一種人的每隻眼睛。

低級的種名，範圍特殊，定義比較容易。高級類名，範圍寬廣，定義則較困難。異上求同易。同下求異難。類名含混，比最低級種名，更容易犯雙關二義或同名異指的弊端。求知的步驟，是由淺及深，由近及遠。淺近者，顯明準確。深遠者，隱微含混。種類品級，低者淺近，高者玄遠。是以明證法及定義法，都是從顯明易知者開始，進而推求性體賓辭：故此必須從最低的種類，開始研究範圍狹小、品級卑近的事物：例如研究形體的顏色和狀貌；聲音的高低強弱，逐步異上求同，漸漸升高，擴大範圍，追求高深的公理：有淺顯者作根據，乃能避免雙關二義，同名異指，或含混不明的危險。

據理論事，應有實據，切忌象徵名辭。可見定義中的主辭或賓辭，都不可任用象徵名辭：因為定義是議論的出發點。象徵名辭，屬於寓言之類，模擬異類近似之點，不足以指出確實的本體（參閱《形上學》卷四，拙譯註二）。（終）

第十四章　難題、分類、定義

98左　為能擬定難題，以供研討，即應選擇適當的分類和定義；或同下求異，或異上求同。首先擇定總類，指出許多異類之所同，例如動物之類，及其公有的本體賓辭。然後類下分種，逐級考察每種公有的性體賓辭，例如飛禽；如此分門別類，逐步研究，乃能考察各分類分種固有的性體及屬性；例如「人」、「馬」，及其他。

例如甲代表動物，乙代表動物的公有屬性及本體賓辭，丙丁戊代表動物的各種。顯然：

因為乙既在每甲，

而甲又在每個丙丁戊，

故乙在每個丙丁戊。

餘類仿此。

上舉諸例，都有公名，但研究知識，不可以有公名者為限。要在異中求同，考察主體是什麼？有什麼賓辭，然後分門別類；例如「有角動物，腹有多胃，上顎無牙」；總類公有性體，天然如此。然後，追問：分類有幾，一一徧舉，乃知各種分類，都是多胃而少牙。為什麼理由呢？因為都屬於「有角動物」的總類。（以有角動物為中辭）

選擇適當分類和定義的另一方法是**比類法**；異類相比，某某比例相同；例如甲魚有肉筋，魚有魚刺，獸有獸骨，三者比例相同，但無公名，然則共有許多相同的屬性或賓辭，宛似共屬一類。（**比類法**，也就是**比例法**，超類名辭，有通指眾類的賓稱作用，表示異類互有比例相同的統一）。（章終）

第十五章　問題之分類

98左25 許多問題是相同的，由於共有相同的中辭。（例如：回聲、鏡影、雲虹，三種事物不同，而問題相同，同屬於「光線，或物力回折而生的效用」。這一類問題，只是類同而種異，或主體種異，或現象不同。

尚有其他問題，中辭上下排列的系統一貫，故謂之相同。例如：為什麼尼羅河月底水漲？因為月底多雨。為什麼月底多雨？由於月亮月底虧虛。問題間的聯繫，不在類同，而在於中辭條件，逐級排列，有以上制下的鏈索。（月虧多雨而水漲）。（章終）

第十六章　因果關係(上)

35 因果關係能有許多問題：約歸於「因果相推」，和「一果數因」兩類。
「因果相推」，又分「由果推因」、「由因推果」，及「因果互推」三
98右 種。**由果推因**，是從效果的現有，推證原因的現有。例如樹葉下垂，是因為
樹葉寬大；月蝕是因為地球遮日：因果同時現有：既知有果，則知必有因。
此因不在，必另有他因。

由因推果，是從原因的現有，推證效果的現有，同例：因有地球遮日，
5 故有月蝕；因為樹葉寬大，故有樹葉下垂。假設：既可由果推因，又能由因
推果，則是因果交互相推。用甲代表下垂，乙代表葉寬大，丙代表葡萄樹，

排成論式：

如果甲在每乙，	凡是大葉都下垂，	每乙是甲，
並且乙在每丙，	然而葡萄樹葉都寬大，	每丙是乙，
則知甲在每丙。	所以葡萄樹葉都下垂。	每丙是甲。

「甲在每丙」是效果，乙是中辭指原因；這是由因推果，反之，用丁作中辭，指效果，「葉下垂」；也能證明「戊在每己」：指原因。這就是由果推因，論式如下：

98右

既然戊在每丁，	葉下垂者，都寬大，	每甲是乙，
並且丁在每己，	葡萄樹葉都下垂，	每丙是甲，
所以戊在每己。	凡葡萄樹葉都寬大。	每丙是乙。

然則，兩物不能互為因果。先有因而後果（至少是性理的先後）。月蝕的原因，是地影遮日：先有地影，而後有月蝕；不是先有月蝕而後有地影：理證關係和次第，確是如此；但理證次第，不是實際事物因果的次第：用原

因證明效果，是理證。用效果證明原因，是事證。知月蝕者，由而推知地影：知有地影之事實，是月蝕的原因，但不知地影的原因。（惟能先知效果之事實，而後知原因之事實）。

月蝕不是地影遮日的原因，地影卻是月蝕的原因：這是顯明的，可見之於定義之包含。月蝕的定義必定包含地影。地影的定義，卻不必包含月蝕：足證定義因地影而知月蝕之所以然，不因月蝕而知地影之所以然。

然而「一個效果有許多原因」是可能的嗎？

假設一個名辭，直接給許多主辭作賓辭，例如：

假設直接	效果	原由
甲在乙， 甲在丙， 乙在丁， 丙在戊；	甲在丁 甲在戊	乙在丁 丙在戊

從此可見，根據事實的假設，原因既在，效果必生；反之效果如在，必有某原因，但不必眾因俱在（也不必是此而非彼。甲的原因是乙丙兩者。或戊或丁，或因乙，或因丙，而得甲。但知有甲，無以推知那一主辭，因那一中辭，而有甲作賓辭。論式：

既然每乙是甲，	假設
並且每丁是甲，	效果
故此每丁是乙。	原因

以上論式無效。將結論改作「某丁是乙」，仍是無效）。

又例如：

問：為什麼樹葉下垂？因為液汁凍結。

用乙代表液汁凍結，甲代表樹葉下垂，丙代表某類的樹及類中各級分類和分種。排成論式。

既然每乙是甲，　凡腋汁凍結的樹葉都下垂，
並且每丙是乙，　凡丙類各種樹都是腋汁凍結了的，
所以每丙是甲。　所以丙類各種樹的葉子都下垂。

從此可見，如果問題常是全稱論句，原因是一個總類的整體，效果也是普遍而全稱的。中辭指原因，大辭指效果，既然類界的範圍同廣，故能互為全稱的賓辭。也就可以因果調換，交互推證。論式乃有形式如下：（由果推因）：

既然每甲是乙，　凡葉子下垂的樹都是液汁凍結了，
並且每丙是甲，　凡丙類各種樹的葉子都下垂，
所以每丙是乙。　所以凡丙類各種樹都是液汁凍結了。

乙是原因，在丙類全體，並且是只在於丙類時，才產生效果甲：這也是必然的，證於甲。

第十七章　因果關係（中）

99左 同樣的效果，必有同樣的原因：這個定律是不是絕對常真的？有沒有例外？或是同樣的效果，是否每次產生，能有一個不同的原因？答案分兩方面：本體原因和本體效果，常遵守上述的定律，本體恆性不變、普遍常真，不能有例外。什麼效果、每次必有什麼原因。本體主辭賓辭相同的結論常證自相同的中辭和前提。但如因果關係不是根據著本性，則能有例外，不以本體為根據的因果關係分兩種，一是符號關係，一是附性關係。結論的首辭以中辭為定義涉及本體（便是本體關係，不能有例外。不涉及本體能有例外）。如果中辭只是原因、或效果的符號、或附性效果、或原因，便不是本體效果或原因。它們的問題也就不涉本體，也得不出有關本體的結論來。彼此有本體關係的前提和結論，中辭和首尾兩辭的關係也是本體關係；前後相同，上下一貫，首尾兩辭是同名同指，中辭也是同名同指，首尾兩辭同屬一類，中辭也屬同類（首尾兩辭是超類相同，中辭也是超類相同。超類相同，即是類性雖異，而在某種比例的關係上，彼此相同），並且可以前後調換，比例常是相同。為什麼？為了原因一方面不相同，一方面相同。例如數條線和幾個數目，比例的關係相同，線和數目分開觀察，各看本體，原因互異，在類性彼此所有的分別以上，觀察比例消長的情況，線和數卻是相同的。線和數如此，其餘各種事物無不如此。

顏色相同，形狀相同。相同二字，在兩處同名而異指。因為所根據的原因不同，本質也不同。形狀相同，例如說：三角數個，度數相同；猶如邊線數條，長度相同，乃是比例相同。顏色相同是可見的物體在覺性的知識內，產生的印象相同，或為了某種其他原因。超類相同的首尾兩辭需有超類相同的中辭（自不待言，例見前章，骨架的例子：「超類」也叫「比類」，比較異類而見其比例相同，或因果相關）。

原因、效果、原因的主體，三者範圍大小相含，上下相隨的關係如下：在個例的事件上作比較，效果的範圍大於主體。「外角之和，等於四直角」是效果，它的主體是三角形或方形。（將兩個主體分開觀察，單獨的說：三角形的範圍小於「外角之和等於四直角的範圍」。方形，單獨自己，也是一樣，範圍較小）將一切主體的總數合在一起，它的總體範圍和效果的範圍相等：這是自然的：凡是「外角之和，等於四直角」的形象，總數合計，範圍的大小正和它們所有的效果相等。（這裡的效果，是它們總體公有的屬性。屬性或效果屢於主體作賓辭，是論式的首辭。首辭如此），中辭也是如此。（中辭表示原因，原因的範圍大於每個主體；和效果的主體，在這裡的論式內，是一個主體）。中辭是首辭的定義（表示首辭的原因或理由），凡是明證法得來的知識，都是以定義為根據，例如「落葉植物」，是葡萄或無花菓的賓辭，範圍廣於兩者的任何一個，但不廣於一切主體的總數共有的範圍：卻正是相等（葡萄或無花菓等等，葉子寬大，「津液涸竭」是首辭凋零的定義），有兩個中辭，第一個，「津液涸竭」，是首辭凋零的定義；比其餘的一個「葉子寬大」更接近首辭；它乃是首辭的第一級全稱賓辭，範圍完全相等，形容首尾兩辭全類每個主體都有的本性。並是其餘一個中辭的中辭（為什麼枝葉凋零），因為津液涸竭，或為其他原因，什麼是凋零？「是關節處的津液涸竭」。

上述的因果關係（推證情形），用論式符號可以圖解如下：設令甲在每乙，乙在每丁，乙的範圍廣於丁，甲的範圍廣於乙，乙則是每個丁的全稱賓辭。根據本書分析得來的結論（全稱論句不都是賓主可以換位的論句，因為賓主類界的範圍（外延），不常相等；凡是賓主類界相等的論句，賓主才能互相換位，不改原形，不失原意）。在本處，全稱賓辭，甲，類界實廣，和它每個種界狹小的主辭乙，單獨的說，不得換位（換位後，不能再是全稱論句，不通用於明證法）；但把所有的同類各種主辭（乙、戊）合在一起，構成論句，賓主類界相等，則能換位：仍得全稱論句，此處：結論甲在每丁，丁不在每甲，以乙作原因。甲的類界必須廣於乙，否則，可以換位，則因果可以顛倒。（真豈有此理？）既然甲是戊類萬種總體之合，甲在每戊，則戊的全體或總數和乙類不相同，若果相同，怎能免得甲戊換位？（方才說：甲
99右
的範圍是戊類總體之和，乙戊如果相同，則甲乙相同。甲戊就也相等。甲戊可以換位，則甲乙也可換位，此仍是因果顛倒，必須避免）。反之，保持原議，戊類和乙類不是一類，甲戊、甲乙，都不能換位，則甲在丁的原因，豈能有找不到的理？原因乃是乙戊是不是甲類的一種，並且和乙類不同？尚需究察原因來證明。假設原因是丙，則同一效果能有許多原因，惟需主體也有許多，並且不是同類。例如是四足獸，無膽，則長壽。鳥，肌骨乾燥者，或有其他特點者，長壽（甲代表長壽，乙代表無膽，丁代表四足獸，戊代表飛鳥，丙代表肌骨乾燥）。

如果表示原因的中辭，不是最低種名，則不是第一級切近的中辭。最低的種下，只有個別的主體，不能再分成許多種。如果不是這樣的種名作中辭，則明顯中辭不是一個，而有許多。為此，原因也就有許多。（章終）

第十八章　因果關係（下）

10 第一級切近的原因，有什麼意義？中辭有許多，類級不同，賓辭最高廣，主辭最低狹，兩個極端之間，許多級中辭，一個最低，切近主辭，那一個是第一級最切近的原因呢？答：顯然是最低的那一個，它距離個體最近。它是主辭有最高級全稱賓辭的首要原因：「首要原因」就是「第一級切近原因」的意思，例如乙因在丙故在丁，甲則也是因在丙故在丁，甲因在乙故在丙，甲在乙，本體自在，不再有原因和中辭（符號論式如下）：

（既然丁是丙，又因丙是乙，而且乙是甲，所以丁是甲。「丁是甲」，其切近的原因是「乙是甲」）。（章終）

第十九章　原理的知識

99右15 論證法是什麼？明證法是什麼？各自如何產生？構造如何？連同明證性的知識，簡稱學識或科學，和明證法在本質上同是一事，這些問題都有了明白的分析。

本章進一步討論「原理的知識」。（原理是無中辭的最高前提，不證自明，不可證明，不需證明）。吾人怎樣認識原理？吾人有認識原理的智慧。這個智能是個怎樣的智能？（以上兩個問題，在本章裡加以討論）為能找到明確的答案，（討論的程序如下）先審察幾項疑難：

20 不認識原理的人，無法用明證法證知原理。原理不是明證法可以證知的結論，本書已有詳論；因此，有人提出疑問：原理的知識，既是無中辭，不證自明的知識（原理又分許多種），那麼原理的知識是不是也分許多種？（這是第一項疑問）吾人既有原理的知識，又有明證的知識，明證的知識，是用明證法證來的結論。那麼，原理的知識是否屬於另一類？它和明證的知識是不是同類？（這是第二項疑問）。第三項疑問：認識原理的智慧是不是天生的稟賦？如果不是天賦，吾人能用人力，獲得這個智能？如果是天賦的智慧，它能不能隱藏在吾人心智中，不受吾人理會？然而，說天生有原理的知識，同時又不理會它，等於說知又不知，這是不合理的。原理的知識最顯明而確實，勝於明證，（如同太陽之光耀奪目。明證存於心，光明立現，原理存於心，怎能隱而不見？這是第四疑問。）

假設，先不曾知，後乃獲得新知，則問題是：既然是從「無知」出發，怎會從「無知」獲得知識？實際上，（或學自師友，或證自前提）新知的獲得，都是得自舊知。先無舊知，新知無從得來，討論明證法時，本書已有證明：「知識不是無中生有」。

如此說來，顯然的：原理的知識，既不是生自天賦，也不是無中生有。而是另有來源。否則完全不知原理的人，無法從無知變為有知。（換言譯之：「吾人不是天生，就有原理知識的現實圓滿，也不是完全沒有認識原理的智慧，簡言之，不是純有，也不是純無。故此，在純有和純無之間，必須有一個中間的狀態，叫作潛能。這個潛能處於人心智的體用之間：就是人的心智認識原理的智慧。這個能力是人天生就有的）。它的特性，是虧虛而能領受，（從虧虛方面看，它沒有原理的知識；從能領受方面看，它有獲得原理知識的先備條件：在明確的效力和程度上，它抵不上明證的知識但遠勝於「頑石僵木」之一無所知！）這個知識能力是什麼樣的？

35 顯然的，凡是有器官的動物，都有些知識能力，它是本性天生的**鑑別能力**：通稱「覺察」或「知覺」，凡是動物，都有器官的知覺。有些動物知覺事物，不留印象。有些動物卻保留印象。接觸事物，有知覺而不留印象的動

物，又分兩種：一種動物，對於任何知覺完全不留印象；一種動物對於某些
知覺不留印象。這些動物的知覺所得的知識，只限於知覺的現實，在知覺的
現實以外，不留印象，便沒有知識的繼續或重現。接觸事物，有知覺，並留
100左 印象的動物，在自己心靈中，保存某些印象的單位：每個單位，彷彿是一個
有內容——有意義——有統一的整體。許多印象的單位，累積起來，便在動
物類中發生另一種區別：有些動物察覺印象所含的意義和條理；有些動物卻
完全察覺不出什麼來！

根據上面的分析，知識的過程，主要步驟如下：由知覺而生記憶。記憶
既多，遂生經驗。記憶，數目眾多，構成的經驗卻是一個整體。然後，從許
多經驗，或是說，從心內靜存普遍常真的經驗總體，產生一個首出群倫的印
象，這個印象也是一個內容有意義、有統一的整體：它寓存在同類的一總主
體中。主體數目眾多，互不相同。它，那個大公的印象，卻實現在每一個主
體內，處處相同。（通常哲學界所謂「理一分殊」，就是說：「一個大公的

印象，意義統一，有許多不同的主體」。這樣的印象叫作（概念、觀念、意義，也叫作理），這樣的概念形成了，事物的理領悟在心，便是科學和技術的開端（並是它們的原始因素：就是它們的最高原理）。技術的知識，知事物形成或製造的原理。科學知識知事物本性本體所以然的原理。（不分技術或科學，凡是知識都在乎「知性明理」。「知性明理」的知識，便是原理的知識。原理分許多種，原理的知識及其能力也分許多種。）這些知識能力，常常擁有原理的知識：不是人心天生完全明明知道，也不是從其他更明確的知識或更高的智能產生出來：但是來自「知覺」。這個動物共有的「知覺」，是「覺性知識」和「理性知識」有分別：然而是理性知識的來源：猶如敗退的士卒，苟欲抵抗敵軍，必須先有一卒停止敗退，開始守得住一個崗位，然後其餘的士卒，才一個個的和他連成陣營。陣營的形成，乃是開始交戰的原始因素。同樣，人的知識，始於覺性，終於理性的過程，正彷彿是如此。人的心靈、本性，有能力經上述的過程，獲得知識。

15 上段所說，仍欠明確，另加詳解如下：

最低種相同的許多個體，如果有一個「守住崗位」，停止敗退，第一個知識，出現心際：就是一個普遍性的知識，所知覺的物體是個體；對此個
100右
體，所有的知覺卻是一個普遍性的知識：例如：眼見張三某人，張三固然是一個單立的個體，眼目一有所見，最初的知，只是看見了普遍泛說的「人」，不是看見了「張三」（人只是動物的一種。動物有許多種，動物之上，又有更高的物類），如此，逐級上升，各類都一一停止敗退，（在心目中，（形成秩序井然的陣營），守住崗位，下知低狹者眾多；上知高廣者統一：直至最高類，再無種別可指；並升至最普遍的類名，再無更高類名可升，為止。每升一級，都是由許多低狹的種或類，升至一個高廣的類）。例如：觀察許多種動物，因而理會到「動物」總類的公名，如此步步上升。審察始終，可以明見，原理的知識必須是（由萬殊的個體事物漸漸）歸納得來，也就是用這樣的歸納方法，覺性的個體知識給我們產生（理性）普遍的

知識。（將許多個體事物歸結到一齊，而收納到公名所指的種類裡去：是漸進的分類法和定義法。）

100右 理性知識知真理。知識有許多，有些常真，有些能錯。「意見」和「結論」能錯。明證的知識和靈智，常真。知識的真確，莫過於靈智。靈智的真確，勝於明證。明證勝於其他。原理真確易知，勝於明證的結論。凡是明證的知識都離不開理性。原理的知識不是來自明證。因為知識的真實，靈智勝於明證。明證勝於其他。故此，靈智高於一切；從此看來，靈智乃是原理的智府；並且，另一方面，「明證」的根源不是證自更高的根源。明證的知識不自己證明自己的根源。明證性知識以外，其他各類知識，都不如它更真實。它的根源，不能是任何別類知識，只膺是靈智。故此靈智是明證性知識的根源。它認識明證性知識所依據的原理：它是知識根源的根源。關於一切物類，凡明證知識之所能知，無不同樣以靈智為知識的根源。（靈智、靈明，知原理；理智、推理，知明證）。

（後編上下兩卷全終）

圖書目錄

亞里斯多德，希臘、拉丁全集，柏林，柏克爾（標準版），一八九九年出版。Bekker Edition (Standard), Berlin.

二、《工具六書希臘原本》，萊波棲，一八四四～一八四六年，魏慈版。Ed. Theodorus Waitz, Organum Graece, Leipzig.

三、《分析學前後編》，羅思校勘，米尼約作序及鮑也西等異文附錄。希臘原文。一九六四年牛津。

四、《分析學前後編》，羅思重訂，希臘原文，英文引論及註解，一九四九年牛津。W. D. Ross, Oxford.

五、《分析學後編》，希臘英文對照，哈佛，倫敦，一九六〇年出版（《羅博古典圖書文庫》）。Loeb Classical Library, Posterior Analytics and Topics, Harvardand and London, Tr. by Hugh Tredennick and E. S. Foster.

聖多瑪斯，《亞里句解》及《分析學後編詮釋》，一二六八年前後著。歷代抄本、古版、重印甚多。近世新版中有「良（第十三）校勘本」，羅馬，一八八二年出版。思別戚、袖珍本、（四開大本），都靈，瑪利野蒂，一九五五年，拉丁原文，四三九頁，出版。

（偽）思格圖，《亞里分析學後編之問題》（前後兩卷），里昂，一六三九年，渥定版，思格圖《全集》。

若望多瑪斯，《質料邏輯》，（《哲學通論》，第一卷，《邏輯的技術》，都靈，瑪利野蒂印書局，一九三〇年新版。羅馬，一六三六～一六三七年舊版。巴黎，一八八三年再版）。英文，錫孟等合譯，芝加哥大學出版社，一九五五年，照像透印版，八開，六三八頁。若望多瑪斯，另名若望泡因酥，一五八九～一六四四年時人，西班牙，痕納萊，亞而加拉大學教授。所著《質料邏輯》，討論十範疇，語意符號，公名的指義，大公名的通指作用；並在第六編，全四卷共十五章，一三四頁，討論「明證法與科學」，師宗賈野棠，翼贊聖多瑪斯；繼述亞里斯多德。慣用「（亞里）《邏輯整體之大全》」：此書原著人名失傳，偽託「聖多瑪斯」之名而出版，至今編入《聖多瑪斯全集》，流傳不已。（參閱拙譯《分析學前編》附錄六）。

John of St. Thomas, alias John Poinsot, (1589-1644), Professor of theUniversity of Alcala de Henares, Spain, Cursus Philosophicus Thomistic-us, Volume I, Ars Logica, Marietti, Torino, Italy. The Material Logic. Translated by Yves R.Simon andothers.

黎羅易、史密慈，《亞里範疇集》、《句解》，英文新譯，加州，富來寺鬧，一九五九年，研究社出版。（補錄於此）。Prof. Leroy F. Smith, Academy Guild Press, Fresno, California.

其他書籍，請參閱《分析學前編》，附錄六，圖書目錄。

重要名辭，中希對照簡錄，見《前編》，附錄七。

所用主要圖書館目錄

1. La Bibliotheque du Pét'ang, Peiping. 北平西什庫北堂圖書館
2. Fujen University Library, Peiping. 北平輔仁大學
3. Peking University Library, Peiping. 北平北京大學
4. Pontificia Universitas Urbaniana di Roma. 羅馬務本大學（傳信大學）
5. Biblioteca Apostolica Vaticana, Cittá del Vaticano. 羅馬華蒂岡圖書館
6. Biblioteca Nazionale Central Vitorio Emanuele II, Roma.
7. Pontificia Universitas S. Thomae Aquinatis, Roma.
8. Pont. Universitas, Gregoriana, Roma.
9. Bibliothèque Nationale, Paris, France.

10. Bibliothèque de l'Université Catholique (l'Institut) de Paris, France.
11. British Museum Library, London, England.
12. Bodlean Library, Oxford, England.
13. J. W. Goethe Universität, Frankfurt am Main, Germany.
14. W. W. Universität Münster, Germany.
15. Biblioteca Nacional, Madrid, España.
16. The Library of Congress, Washington, D. C., USA.
17. Univ. of California Libraries, Berkeley.
18. Univ. of Chicago Libraries, Illinois.
19. Univ. of Notre Dame Libraries, Indiana.
20. Harvard Univ. Libraries and Yen-ching Institute, Cambridge, Mass.
21. The Cath. Univ. of America Libraries, Washington D. C.
22. Stanford Univ. Libraries, California.
23. University of San Francisco Library, Calif.
24. St. Mary's Seminary and University Libraries, Baltimore, Md.

25. St. Francis Xavier Univ. Library, Antigonish, N. S. Canada
26. Pont. Institute of Mediaeval Studies, Toronto, Ontario.
27. University of Ottawa Library, Canada.
28. Bibliotheques de l'Universite Laval, Cité Universitaire, Ouébec, Canada.
29. University of Toronto Libraries, Ontario.
30. St. John's University, Collegeville, Minnesota, USA.
31. Univ. of Minnesota Libraries, Minn.
32. St. Bonaventure University Libraries (Olean), New York.
33. St. Albert's College, Oakland, California.
34. Holy Names College Library, Oakland, California.
35. St. Mary's College, St. Mary's, California 94575

分析學後編　明證法之分析 / 亞里斯多德原著;
呂穆廸譯述 --
三版. --臺北市：臺灣商務，2010.6
面； 公分.

ISBN 978-957-05-2496-3（平裝）

159　　　　　　　　99008072

分析學後編　明證法之分析

作者◆亞里斯多德
譯述◆呂穆迪
主編◆王雲五
重編◆王學哲
發行人◆王學哲
總編輯◆方鵬程

出版發行：臺灣商務印書館股份有限公司
臺北市重慶南路一段三十七號
電話：（02）2371-3712
讀者服務專線：08000561 96
郵撥：0000165-1
網路書店：www.cptw.com.tw
E-mail：ecptwptw.com.tw

局版北市業字第 993 號
初版一刷：1967 年 3 月
二版一刷：2009 年 2 月（POD）
三版一刷：2010 年 7 月
定價：新台幣 300 元

ISBN 978-957-05-2493-3